ISBN: - 978-84941962-7-0

Nº Registro: 201499901993260

Nº Expediente: SE-1267-14

Copyright - Todos los derechos reservados

SOS. ILAN
¡REINVENTATE!
(Manual de cambio de imagen)

DEDICATORIA

Este manual está dirigido a todos los que no se conforman con la situación en la que viven, quieren cambiar para conseguir sus objetivos, han tomado la decisión de coger las riendas de su vida y hacer realidad sus ilusiones. Están dispuestos a iniciar un viaje interior y exterior para sacar lo mejor de si mismos, aprendiendo todo lo necesario para realizar sus proyectos.

A todos ellos que son luchadores, inconformistas, valientes y creativos les rindo su merecido homenaje.

INDICE

- Introducción
- Objetivo: Autoestima

PRIMERA PARTE: RENOVACION EXTERIOR

- Importancia de la imagen en la historia.
- Importancia de la imagen en el mundo actual
- Grandes transformaciones
- Analiza tu propia imagen:

    1- Puntos fuertes y débiles

    2 - Los colores, efectos ópticos y psicológicos

    3- Tipos de cuerpos

    4- Tipos de caras y sus correspondientes cortes de pelo y peinados

    5- Manos y pies

    6- Armario; orden, conjuntos y fotos

    7- Maquillaje

    8- Complementos

    9- Tipos de imagen: sport, hippy, gótica, profesional…

    10- ¿Qué imagen quieres proyectar? Tradicional, moderna o transgresora

- Famosos, estudio de imagen, rasgos distintivos, gestos, cambios radicales, reinvenciones y otras curiosidades.

SEGUNDA PARTE: RENOVACION INTERIOR

- Tu cuerpo y tu salud "mens sana in corpore sano"
- Adquiere buenos hábitos: haz deporte y come bien
- Detecta tus ideas negativas y transfórmalas

- Influencias en las diferentes etapas de la vida: infancia, adolescencia y madurez
- Reforma tu carácter: neutraliza las heridas del pasado y potencia tus mejores cualidades
- Ejercicios de fortalecimiento mental
- Formación de objetivos, desarrollo y consecución de los mismos
- Actitud ante el fracaso, perseverancia

CLAVES PARA MEJORAR

    1- El poder de la comunicación: mejora tu expresión oral y escrita
        -Lenguaje corporal
        -Poder de la sonrisa, el saludo y el primer intercambio de frases
    2- Los amigos, una influencia clave
    3- Viajar: escuela de vida
    4- Cambiar de ambientes es saludable
    5- Ten siempre algún objetivo
    6- Vive con amor y con humor
    7- Cuida tu imagen exterior
    8- Disfruta de las pequeñas cosas
    9- Sé agradecido
    10- Profundiza en tu espiritualidad

-Recuerda: tu mente juega a tu favor

CONCLUSION

- Crea la imagen con la que sueñas. ¡Reinvéntate!
- Descubre tu nueva imagen, descubre tu nueva vida
- ¡El mundo es tuyo!

LISTA DE RECOMENDACIONES

INTRODUCCIÓN

El mundo actual se rige por unos códigos muy precisos y distintos al del pasado porque hay más población, el ritmo de vida es muy acelerado, es una era especialmente visual donde se le da mucha importancia a la imagen y gracias a las nuevas tecnologías se pueden conocer noticias, tendencias, conocimientos… en un tiempo record.

Ahora, como antes, destacan los mejores pero hay que abarcar más facetas; hace falta talento, disciplina, perseverancia y trabajo, pero también una puesta en escena adecuada para destacar entre la multitud ya que la competitividad es mayor.

Nuestra imagen es la tarjeta de presentación (vestuario, peinado, maquillaje...), si añadimos el lenguaje corporal, los gestos y la forma de expresarnos la primera impresión que causamos puede ser favorable o todo lo contrario. Como vivimos a mucha velocidad es muy importante caer en gracia a la primera porque a lo mejor no tenemos una segunda oportunidad (entrevistas de trabajo, presentaciones, proyectos, vida social…)

Por ello necesitamos aprender lo necesario para mejorar, informarnos y adoptar aquello que más nos favorece para llegar a ser como nos gustaría y no conformarnos con una realidad que no nos satisface. Hay que aprender conceptos realistas y útiles para después aplicarlos y conseguir nuestras metas.

OBJETIVO: AUTOESTIMA

"Pueden porque creen que pueden" decían los clásicos y tenían razón. Lo que uno piensa de sí mismo se proyecta a los demás.

¿Cómo se forma nuestra imagen interior y exterior? Por lo que oímos a otros y su actitud hacia nosotros, sobre todo en la primera etapa de la vida. Así se forma la autoestima o la ausencia de ella. En la infancia se siembra la semilla, en la adolescencia se desarrolla y en la madurez se consolida, definiendo nuestra personalidad. No podemos controlar los estímulos negativos que hemos recibido en el pasado, es muy común que comentarios y actitudes hirientes, despectivas o humillantes puedan hacernos daño y condicionarnos en el futuro pero nunca hay que conformarse. Pensemos cómo queremos ser y vivir. Qué nos gusta y qué no de nosotros mismos y cambiemos. Lo que necesitamos es la información adecuada y ponernos a trabajar.

La intención de este manual es ofrecer al lector una guía simple y fácil de seguir para renovarnos por dentro y por fuera.

El exterior lo constituye nuestra imagen y la clave está en aprender conceptos básicos de colores, maquillaje y formas de vestir que nos ayudarán a simplificar nuestro armario, aprovechar mejor lo que ya tenemos, no perder tiempo dudando qué ponernos y conseguir el estilo que nos gusta.

Ya no compraremos de forma compulsiva sino con sabiduría, sólo lo que necesitamos y vamos a utilizar. Nuestro armario no será un caos sino un espacio ordenado donde todo combina y así vestirnos será un proceso rápido y satisfactorio.

El interior es nuestra mente y trataremos de neutralizar lo negativo del pasado o el presente con pensamientos positivos y un diálogo interior siempre a nuestro favor para conseguir una sólida autoestima.

Es muy importante descubrir nuestro potencial para desarrollarlo y ser más felices.

¡Merece la pena intentarlo!

PRIMERA PARTE
RENOVACION EXTERIOR
IMPORTANCIA DE LA IMAGEN EN LA HISTORIA

El hombre, desde sus comienzos, se ha sentido atraído por la belleza y la ha buscado en todas sus formas; en las personas, la naturaleza, las construcciones, la ropa y cualquier otra manifestación. ¿Por qué? Simplemente porque le hace sentir bien, algo feo nos deprime, enfada o asusta, algo bello nos anima, tranquiliza y entusiasma.

En todas las civilizaciones, incluidas las más antiguas, se han encontrado indicios de la importancia de adornos y ropas para realzar la belleza. Disponemos de mucha información del maquillaje, el perfume y la elección de los tejidos más favorecedores y acordes con el clima en Egipto, hace 5000 años.

En Grecia y Roma la moda va asociada al status social, no se podía concebir a nadie destacado que no cuidase su aspecto.

En Japón la cultura del perfume y los cosméticos, alcanzaron unos niveles de sofisticación que asombraron al resto del mundo cuando tuvieron contacto con Occidente.

En la Edad Media existía gran rivalidad en las cortes de los distintos Reinos que competían en elegancia y riqueza entre sí.

En el Renacimiento se vivió una exaltación del arte en todas sus formas y la moda tuvo su correspondiente impulso, ayudada por la ampliación de rutas comerciales, tanto marítimas como terrestres, donde los tejidos, joyas y perfumes eran muy cotizados para la venta.

En la Era Moderna se produce una revolución en la moda femenina, mientras el hombre sigue fiel a su indumentaria, la mujer destierra los corsés, corpiños y miriñaques para dar paso a una forma de vestir mucho más cómoda y razonable (faldas más cortas, chaquetas, pantalones...) ya que su incorporación al trabajo, la falta de ayuda doméstica y un ritmo de vida más acelerado hacen inviables las modas antiguas donde el solo hecho de vestirse ocupaba mucho tiempo. Su abanderada fue Coco Chanel, quien supo ofrecer una imagen elegante, cómoda y muy femenina a la mujer del siglo XX, de hecho sus modelos siguen vigentes.

Lo que está claro es que en todas las épocas los hombres y las mujeres quieren dar buena imagen porque esto les ayuda a conseguir sus objetivos. En las relaciones sentimentales, sociales y profesionales tiene más probabilidades alguien atractivo que el que no lo es y con la información adecuada todo el mundo puede serlo. Es necesario el talento para prosperar, por ello es fundamental que el interior sea un reflejo del exterior, lo cual debe trabajarse, de otro modo sería un bello envoltorio sin nada dentro.

IMPORTANCIA DE LA IMAGEN EN EL MUNDO ACTUAL

Vivimos en la era de la imagen, debido a los medios de comunicación y las nuevas tecnologías nos movemos en un mundo muy visual, ya sabemos el dicho de que una imagen vale más que mil palabras.

Nuestro exterior es la tarjeta de presentación en todos los ámbitos, en la actualidad se exige buena presencia en muchísimas profesiones, si tu imagen gusta tienes más posibilidades de triunfar pero aunque ella te abra la puerta es una mente reflexiva, disciplinada y trabajadora quien te la mantiene abierta.

Una persona con un aspecto impecable dice mucho de ella antes de que hable ya que indica que es cuidadosa, ordenada y segura de sí misma, porque conseguir la imagen ideal para cada uno requiere observación, estudio, reflexión e imaginación.

Hay tanta información sobre moda que es fácil perderse, lo importante es resumir lo esencial y centrarse en lo que de verdad le favorece a cada uno, abarcando todos sus aspectos; edad, estilo y circunstancias, para que de una forma fácil de comprender y aplicar disponga de la información necesaria para producir el cambio que quiera y que le va a proporcionar la autoestima, energía y optimismo necesarios para enfrentarse a sus retos.

Está demostrado psicológicamente que cuando una persona se siente atractiva está más segura de sí misma, alegre y optimista. Muchos sufren por su apariencia y el efecto en su carácter es inmediato: tristeza, complejo de inferioridad, timidez…sobre todo en las primeras etapas de la vida es fundamental este tema para la autoestima ya que se está desarrollando la futura personalidad del individuo, se toman las primeras decisiones y la imagen que cada uno tiene de si mismo va a condicionar su actitud, relaciones y forma de vida.

Los jóvenes suelen estar confusos porque les falta experiencia y aún no tiene su propio criterio bien definido, por ello se dejan influir por los demás. Es importante que se les ofrezcan opciones donde puedan elegir su propio estilo para que se sientan identificados con él, favorecidos, atractivos y originales. Esto también es válido para otras etapas de la vida porque muchas personas no saben como mejorar su imagen al carecer de la información adecuada, creen que es costoso, que no tienen tiempo, que ellas no pueden y otros más afortunados si. NO ES VERDAD. Siempre se puede mejorar la imagen pero es necesario conocer los conceptos básicos como el color, la tipología corporal, estudio del cabello, maquillaje y complementos, ganando así en tiempo, orden y claridad de ideas. Todos queremos vernos mejor y no es difícil sólo es cuestión de saber y actuar en consecuencia.

GRANDES TRANSFORMACIONES

Los cambios de imagen suelen ser espectaculares en profesiones artísticas como actores, cantantes, modelos…la competencia es feroz y todos intentan destacar no sólo para desarrollar sus carreras, también para conseguir sustanciosos contratos de publicidad.

Pero la exaltación de la imagen se da ahora en otros trabajos en los que hace años no parecía que fuera tan importante; periodistas, políticos, empresarios, deportistas…ahora estudian su estética por motivos de marketing, lo cual nos da una idea de cómo afecta este tema a todos los ámbitos de la sociedad.

Tenemos el ejemplo de famosos que han sacado su máximo potencial convirtiéndose en iconos de moda y estilo, esto se consigue haciendo un estudio exhaustivo de sus rostros y cuerpos, siguiendo después los pasos necesarios para potenciar sus mejores rasgos y corregir sus defectos, produciéndose así la transformación. Ellos, debido a su profesión, cuentan con magníficos asesores de imagen, pero la información básica está muy estudiada y todos deberían tener acceso a ella, por lo cual el campo para actuar es muy amplio.

Cualquier personaje público cuida su imagen, en el caso de los políticos se hacen estudios muy profundos sobre este tema para que resulten más atractivos a la población y en consecuencia obtener más votos. El primer caso en la historia donde la imagen y la televisión hicieron ganar a un candidato la presidencia de Estados Unidos fue en 1959, cuando se enfrentaron por primera vez en un debate televisivo los dos aspirantes a presidente, Richard Nixon y John F. Kennedy, el primero, que partía como favorito, apareció muy pálido, con ropa holgada que no le sentaba bien, se mostró serio, incómodo y nervioso mientras que el segundo estaba bronceado, impecablemente vestido, sonreía a la cámara y su actitud era la de un hombre seguro de sí mismo y convencido de sus argumentos, evidentemente ganó. Los analistas de la época se dieron cuenta del poder de la televisión para llegar a todo el mundo y de la importancia de la imagen.

La moda y su influencia se nota en todos los ámbitos, por ejemplo en la realeza, sus miembros suelen dedicar especial atención a este tema, cuidan mucho su estética ya que representan a su país y saben que la buena presencia ayuda a la popularidad de la institución a la que pertenecen, para ellos tener la mejor imagen no es una opción sino un deber.

La mayoría de los triunfadores se cuidan y se esfuerzan por mantener la posición conseguida tras años de duro trabajo, muchos se reinventan para no caer en el olvido. Todo el mundo debería cuidarse, informarse, descubrir su propio estilo y sentirse bien. No hay mayor satisfacción que conseguir la mejor versión de uno mismo.

ANALIZA TU PROPIA IMAGEN

A la hora de mirarnos al espejo es muy importante hacerlo con cariño y realismo. Nadie elige su aspecto, nacemos con unas determinadas características fisiológicas y lo primero que tenemos que hacer es tratar de gustarnos y querernos porque nuestra opinión siempre debe ser más importante que la de los demás.

Muchos sufren por complejos físicos debido a las críticas y burlas de los demás, se avergüenzan de su nariz, ojos, boca…y lo que les suele faltar es objetividad porque nos condiciona demasiado la opinión ajena, así que es muy importante aprender a mirarnos con auténtico realismo.

¿Quién es objetivamente bello? Leonardo da Vinci fue el primero en medir un rostro humano, mientras más proporcionadas son sus medidas más belleza tiene, da igual su raza o color. Se midió la cara de modelos famosas y el rostro con las medidas más equilibradas resultó ser el de la modelo Kate Moss, una mujer muy camaleónica que no posee facciones muy destacadas (tiene los ojos y boca pequeños, la nariz respingona y su pelo es fino y poco abundante) pero que gracias a la armonía de su físico y al trabajo de los profesionales (peluqueros, maquilladores, estilistas…) sus rasgos resaltan de tal modo que sus apariciones en el mundo de la moda resultan espectaculares.

Al mirarnos al espejo analicemos si nuestras facciones son equilibradas o no. Si hay desproporciones llamativas como una nariz muy larga o de gancho, ojeras muy marcadas… y no somos incapaces de asumirlas la cirugía plástica es una opción que debe ser meditada ya que el maquillaje no puede ocultar ciertos defectos, pero hay muchos otros que se pueden disimular perfectamente.

Es muy importante desarrollar una mentalidad sana y una buena autoestima para no ser esclavos de tendencias estéticas muy opuestas a nuestro físico ya que hay maravillosos ejemplos de aceptación y superación como el de la actriz Rossy de Palma que posee un rostro muy asimétrico y gracias a su increíble personalidad ha triunfado en el mundo de la moda y el cine. Ella ha tenido la inteligencia de utilizar su aparente defecto en su punto fuerte y ha conseguido sus objetivos, toda una lección de vida.

En el caso de ciertas imperfecciones el maquillaje puede hacer maravillas ya que si se utilizan los colores adecuados y las técnicas precisas, que posteriormente se explicarán, los defectos se suavizan y los puntos fuertes se resaltan de tal manera que la atención de los demás se va a centrar en aquello que queremos.

Ahora vamos a repasar paso a paso nuestra imagen para trabajarla correctamente y conseguir lo que deseamos.

1) PASO: PUNTOS FUERTES Y DEBILES

Vamos a mirarnos al espejo con lápiz y papel para apuntarlo todo y empezaremos a repasar nuestro físico, primero el pelo y seguimos hacia abajo. Haremos una lista de nuestras características actuales y de lo que nos gustaría cambiar, posteriormente se estudiarán las soluciones para cada caso concreto.

PELO: color, forma (liso, rizado, ondulado), características (fino, gordo, teñido, natural, seco, graso…)

PIEL: color, textura (lisa, arrugada, seca, grasa, mixta), características (rojeces, cicatrices, manchas…)

OJOS: color, tamaño (pequeños o grandes), forma (redondos, saltones, almendrados, oblicuos), pestañas (largas, cortas, espesas, finas, rizadas, tiesas).

CEJAS: color, espesor, forma (rectas, curvas, juntas, separadas…)

NARIZ: tamaño (corta, larga, grande o pequeña), forma (aplastada, prominente, curva, afilada…)

BOCA: tamaño (pequeña o grande) labios finos o gruesos, forma (corazón, curva hacia arriba o hacia abajo, recta…)

ROSTRO: forma (alargada, redonda, cuadrada, de corazón…)

CUELLO: fino o grueso, liso o arrugado…

HOMBROS: pueden ser anchos o estrechos con respecto a cintura y caderas, también observamos su posición (rectos, caídos o alzados)

BRAZOS: largos, cortos, delgados, gruesos, proporcionados o no.

MANOS: dedos largos o cortos, piel lisa o rugosa, uñas largas, cortas, mordidas, pintadas…

PECHO: escaso, voluminoso, caído…

CINTURA: estrecha, ancha, abdomen hinchado, exceso de volumen…

PIERNAS: largas, cortas, delgadas, gruesas, con volumen en muslos, tobillos…

PIES: grandes o pequeños, piel lisa o con callosidades, juanetes, uñas cuidadas o no.

Al hacer la lista con todas las partes de nuestro cuerpo tomaremos conciencia como somos y de aquello que queremos cambiar, este es nuestro primer paso y en los siguientes vamos a aprender a producir este cambio.

2) PASO: COLORES, EFECTOS ÓPTICOS Y PSICOLÓGICOS

El mundo del color es fascinante, se han hecho muchos estudios sobre su influencia en el ánimo de la personas; los colores pastel relajan (se utilizan mucho en hospitales y en las habitaciones de los bebés), los vivos animan (el simple hecho de pintarse los labios de rojo aleja la tristeza), los muy intensos estresan (esto ocurre sobre todo en decoración, una habitación pintada de azul eléctrico puede alterarnos los nervios) pero cada cual tiene distintas reacciones, preferencias y asociaciones ante ellos.

A la hora de vestir hay una tendencia muy fuerte a recurrir al gris por el día y al negro por la noche, no se arriesga pero tampoco se destaca, se pasa desapercibido. Yo lo comprendo pero no lo comparto porque soy una apasionada del color, me encanta encontrar los poco convencionales, los busco mezclando pinturas: el coral, fucsia, lila, morado cardenal, púrpura, amarillo canario, oro viejo, blanco nieve…me fascinan, me aportan energía y son un reto combinarlos en ropa, maquillaje y accesorios.

Pero lo primero que tenemos que hacer esa averiguar qué los colores nos favorecen más, según nuestro color de pelo, piel y ojos unos nos sientan mejor que otros. Hay muchas teorías sobre este tema, se supone que si posees un colorido en tono castaño los colores adecuados serían toda la gama del marrón desde el camel hasta el chocolate, incluido el naranja, dorado, rosa, burdeos y verde. Si por el contrario tu colorido es de contrastes, pelo negro o rubio platino, piel clara y ojos azules o verdes, los colores fuertes funcionan: blanco, negro, violeta, plateado, rosa fuerte y azul eléctrico.

Pero una cosa es la teoría y otra la práctica, uno debe aplicar la información a sus propios gustos, porque lo importante es sentirse bien.

La forma de saber qué nos favorecen es ponernos delante del espejo, con luz potente y sin maquillaje, así empezaremos a probarnos pañuelos o ropa del color que queramos, es mejor seguir una metodología, por ej; si el color elegido es el verde debemos utilizar toda la gama que tengamos empezando por los tonos más claros hasta los más oscuros, nos lo pondremos alrededor del cuello y así sabremos cómo nos sienta, mientras más pruebas se hagan más información y opciones tendremos, una cosa es segura si un color nos sienta bien sin maquillar muchísimo más lo hará al maquillarnos.

En el caso de que tengamos ropa que nos gusta y descubrimos que son de un color que no nos favorece, no importa porque hay una solución tan simple como añadir un pañuelo que nos sirva de puente entre la prenda y el rostro, si se trata de ropa estampada nos ponemos un pañuelo liso de un color que nos de luz y haga juego con el conjunto que llevamos, en caso de ropa lisa nos ponemos un estampado que rompa la monotonía del monocolor y que le va a dar una nota de alegría y de sofisticación.

Es importante tener bastantes pañuelos, grandes o pequeños, estampados o lisos y de distintos tejidos, porque son elementos indispensables para completar nuestro atuendo ya que aportan el colorido, la elegancia y el estilo que nos dan el toque final.

Debemos descubrir nuestros colores porque es el primer paso para cambiar nuestra imagen ya que éstos van a ser vitales a la hora de elegir ropa, maquillaje, zapatos y complementos como gafas, sombreros…además de simplificar enormemente dicha elección.

En caso de duda hay una serie de combinaciones que nunca fallan, la primera es el binomio blanco-negro, es simple y elegante, siempre va a resultar bien. Si queremos añadir a lo anterior otro color se puede elegir un tono neutro como el gris o bien darle un toque de energía con el rojo, así podríamos formar gran cantidad de combinaciones simplificando los conjuntos y reduciendo nuestro armario.

Más clásica pero siempre elegante resulta la gama de marrones, desde el camel hasta el color chocolate, si se combina con algo verde o burdeos se forman conjuntos muy cálidos y atemporales.

Otra gama de colores muy favorecedores serían el blanco, azul y rojo, muy adecuados para el verano, son alegres, elegantes y rejuvenecen.

En caso de personas mayores son recomendables los colores pastel, porque alegran y relajan, olvidémonos del negro y marrón oscuro que son más tristones. El color eleva el espíritu, nos da energía y aporta vitalidad, no lo olvidemos.

Nuestro objetivo es aprovechar al máximo lo que tenemos, desechar lo que no usamos, que todo lo que compremos lo utilicemos y que a la hora de vestirnos tardemos el mínimo tiempo posible. El resultado final nos tiene que gustar primero a nosotros mismos (esto es lo más importante para sentirnos bien) y también gustarle a los demás, lo cual aumentará nuestra autoestima. Esto se puede y se debe conseguir ya que es una cuestión de observación y reflexión para la cual todo el mundo está capacitado.

3) PASO: TIPOS DE CUERPOS

Ya sabemos los colores que nos sientan bien, ahora vamos a descubrir el tipo de ropa que más nos favorece en función de nuestras medidas corporales.

¿Qué tipo de cuerpo tenemos? Para descubrirlo solo necesitamos un metro para medir:

1- Altura
2- Cuello y Hombros
3- Pecho, cintura y cadera
4- Brazos y Piernas

Dibujamos en el papel nuestras medidas de forma que nos hagamos una idea de cómo es nuestro cuerpo, por ejemplo las famosas medidas perfectas del 90 (pecho), 60 (cintura) y 90 (cadera) al pintarlas en papel tendrían la forma del reloj de arena, si tenemos menos pecho que cadera pero con cintura estrecha la forma sería de guitarra. Pueden salir muchas formas diversas: pera, manzana… lo que interesa es conocer nuestra silueta para disimular los propios defectos y esto se consigue intentando compensar lo que nos falta o sobra con la ropa o complementos adecuados.

A continuación se hace un estudio completo de todas las partes del cuerpo.

CUELLO:

Ancho: usar pañuelos caídos hacia abajo para alargarlo, cuello de camisa masculino, tipo mao o con cualquier estructura de cuello simple que disimule la anchura, siempre en forma de pico.

Estrecho: jerseys de lana gruesa de cuello alto, bufandas, pañuelos ajustados, lazadas, adornos con volumen, la forma debe ser redonda o de barco.

HOMBROS EN RELACION CON CADERAS:

Estrechos: usar hombreras
Anchos: mangas estrechas con colores oscuros y lisos, usar un chal para disimularlos

PECHO:

Escaso: Hay una ropa interior con relleno específica para estos casos que aumenta el volumen, en caso de no querer usarla se pueden poner en la ropa fruncidos, volantes, y adornos a la altura del pecho, también usar chal o pañuelos para disimular. No se debe llevar nada ajustado y es mejor utilizar telas estampadas porque desvían la atención.

Abundante: Ropa lisa y de color neutro con escote redondo o de barco, con manga larga.

CINTURA:

Estrecha: ropa ceñida para resaltarla y usar cinturón estrecho.

Ancha: ropa sin ceñir, nunca más amplia de lo que corresponda, el cinturón debe ser ancho y colocado en la cadera para que haga un efecto óptico que disimule la falta de cintura.

CADERA:

Estrecha: blusa o chaqueta amplia o con volante, falda con vuelo y pantalón ancho.

Ancha: Falda recta o pantalón de color muy oscuro y liso, con chaqueta recta que tape la cadera.

ALTURA:

Persona de baja estatura: Usar el monocolor (toda la ropa es del mismo color) con complementos de otros colores (pañuelos, collares…) que rompan la monotonía del conjunto, faldas a la altura de la rodilla, pantalón lo más largo posible, todo con tacón alto.

Persona de alta estatura: ropa de distintos colores, mejor los neutros, y con una estructura sencilla (recta), faldas y trajes largos en verano y zapato plano.

BRAZOS:

Largos: mangas rectas de tres cuartos

Cortos: manga larga con volumen

Si son delgados usar mangas amplias con colores vivos, si son gruesos mangas estrechas de colores oscuros.

PIERNAS:

Largas o cortas pero delgadas: pantalones anchos y faldas rectas o con vuelo de colores vivos o estampados

Largas o cortas pero gruesas: pantalón recto de color oscuro con botas del mismo color para estilizarlas, los zapatos deben ser de salón porque estilizan y nunca con pulsera.

Estas son indicaciones generales para las formas del cuerpo más comunes, obviamente hay singularidades que habría que estudiar por separado pero en dichos casos hay que seguir una máxima muy sencilla, todo lo que sea volumen de más hay que taparlo con colores oscuros, tela lisa y ropa de estructura simple. En el caso contrario se produce un efecto óptico de ampliación con colores vivos, estampados y prendas que aumentan el volumen con adornos, volantes…hay que lograr la armonía y la proporción en nuestro cuerpo y se puede conseguir equilibrando las medidas corporales con las indicaciones anteriores.

4) PASO: MANOS Y PIES

Es muy importante llevar las manos y los pies arreglados, hidratados, con las uñas limpias, bien cortadas y si se quiere pintadas, evitando siempre la pintura desgastada ya que ofrece un aspecto muy descuidado.

En las manos llevar brillo transparente, color base o manicura francesa, hacen muy buen efecto, no nos cansamos del color y combinan con todo, en los pies puede haber más variedad ya que resultan muy alegres las uñas pintadas en colores vivos.

Es básico para tener una buena imagen tener manos y pies bien cuidados. Hay que acudir a profesionales para evitar defectos graves y mejorar su aspecto, esto es fundamental, aunque también se pueden efectuar los cuidados en casa con el material adecuado. Lo importante en este paso es no caer en la dejadez y olvidarnos de estas partes de nuestro cuerpo tan visibles.

5) PASO: TIPOS DE CARAS Y PEINADOS QUE LES FAVORECEN

Un buen corte de pelo es fundamental para la imagen y también para el ánimo. Si nos sentimos favorecidos con el color, corte y peinado de nuestro pelo, nos maquillaremos y vestiremos con mayor entusiasmo y todo ello contribuirá a que el resultado final sea más satisfactorio.

Para descubrir cómo arreglar nuestro pelo tenemos que tener en cuenta dos aspectos fundamentales, el primero es analizar el tipo de rostro que tenemos y el segundo es saber qué imagen queremos proyectar y estos dos puntos son los que vamos a desarrollar a continuación.

Tipos de rostro con su respectivo estilo:

- REDONDO: es igual de largo que de ancho, pómulos apenas acentuados y barbilla redondeada.

ESTILISMO CAPILAR: hay que darle forma al rostro empleando un flequillo con volumen, pelo largo y liso en los laterales que modere la redondez de la cara y capas largas a la altura del cuello, así se producir el efecto óptico de estrecharla.

- **CUADRADO:** también es igual de largo que de ancho pero en este caso la frente y las mandíbulas son cuadradas y con la misma anchura.

ESTILISMO CAPILAR: El cabello se desfila en capas alrededor de la cara y se peinan hacia delante, así se suavizan los rasgos, se enmarca el rostro y se añade volumen y movimiento a la melena.

- **ALARGADO:** su longitud es mayor que su anchura.

ESTILISMO CAPILAR: utilizar flequillo para acortar el rostro y darle volumen a los laterales para potenciar su anchura.

- **DE CORAZON:** frente muy ancha y barbilla estrecha y en punta.

ESTILISMO CAPILAR: evitar volumen en la parte superior y darle mucho en la inferior (rizos, ondas) con melena corta a la altura de la barbilla.

LONGITUD DEL CABELLO: dependerá de la altura y de la edad, se recomienda el pelo más largo en personas altas y no tanto en las bajas.

El pelo extremadamente corto rejuvenece porque recuerda el corte de pelo de un niño, pero si no lo es tanto y está ahuecado puede dar la sensación de persona más mayor.

Las medias melenas son muy prácticas y favorecedoras, no necesitan un excesivo cuidado y son fáciles de peinar.

El pelo muy largo debe ir siempre limpio y cuidado, lo cual requiere tiempo y esfuerzo, pero merece la pena porque una gran melena produce una imagen muy romántica que es ideal para las más jóvenes.

COLOR: Una clave para acertar con él sería mirar las fotos de la infancia porque nuestro color original suele resultar el más favorecedor. Como ya hemos estudiado nuestra gama de colores ya sabemos que en función del color de ojos y de piel se debe elegir el del cabello.

A medida que nos hacemos mayores es necesario suavizar los rasgos aclarando el pelo, si lo tenemos originalmente negro lo iremos cambiando progresivamente a castaño oscuro o cobre, iluminándolo con reflejos más claros. En caso de ser rubio será cada vez más claro porque rejuvenece.

IMAGEN QUE QUEREMOS PROYECTAR: Los tonos muy oscuros serían para personas que quieran una imagen moderna y llena de fuerza, el color adecuado es un negro brillante, que puede tener un reflejo azulado. El contraste con labios rojos es muy favorecedor, aunque hay que ser valiente para llevar esta combinación. Sería para mujeres seguras de sí mismas, rompedoras y originales.

Los tonos rubios y castaños serían para una imagen más dulce, se pueden poner mechas más claras para suavizar los rasgos e iluminar el rostro, lo cual tiene un efecto rejuvenecedor. Las mujeres con este tipo de colorido tienen un aspecto sano, atractivo y sexy. El rubio platino llama mucho la atención y nunca deja indiferente a nadie.

PEINADOS: Es importante cambiar de peinado para romper la monotonía y probar nuevas posibilidades con nuestra imagen. No nos importe arriesgarnos en este apartado ya que si no nos agrada el resultado se cambia inmediatamente.

En el caso del corte de pelo hay que pensarlo bien porque si queda muy corto el resultado es irreversible y hay que esperar a que crezca de nuevo a menos que se recurra a extensiones.

En melenas largas las opciones de peinados son muy amplias: trenzas, semirecogidos, coletas tirantes o flojas, moños, ondas, tirabuzones…

Las medias melenas también tienen muchas posibilidades ya que se pueden rizar, ondular, hacer recogidos…y son muy cómodas.

Cortar el flequillo o hacerse una cola rejuvenecen la imagen.

En el caso de pelo corto hay que tratar de evitar el cardado porque envejece, peinando las capas cortas con secador de la forma más natural posible.

6) PASO: TU ARMARIO – DESCUBRE SUS POSIBILIDADES

Tu armario tiene que ser tu aliado, no tu enemigo, para ello hay que ordenarlo, renovarlo y acondicionarlo. Se acabó pasarlo mal porque no encuentras nada, tardas mucho en vestirte y la sensación de caos es total.

Empecemos con el orden, hay que clasificar nuestra ropa en varios grupos:

La que nos ponemos a menudo
La que nos ponemos sólo en contadas ocasiones
La que no nos hemos puesto en toda la temporada

La ropa del primer grupo la conservamos, la del segundo la guardamos en cajas dentro del armario y la del tercero la regalamos o vendemos, lo que no te pones en un año es difícil que lo uses en el futuro, excepto lo que sea valioso o tenga valor sentimental ya que en algún momento podemos echar algo de menos, esto se guardará aparte.

Es fundamental planificarse pues es la clave para que encontremos todo lo que tenemos rápidamente, se debe ordenar las prendas en perchas por colores, empezando por las más ligeras y terminando por las más voluminosas: faldas, pantalones y trajes, después las cazadoras y los abrigos. Luego se colocan las camisetas, camisas y jerseys en tablas de forma que sean fáciles de localizar.

La ropa de fiesta deberíamos ponerla en un sitio específico aparte, pero bien localizado, para que no entorpezca la de diario.

Los complementos (zapatos, pañuelos, bisutería) los colocaremos en lugares visibles junto a la ropa de la misma gama de color, procurando que al abrir nuestro armario tengamos una perspectiva visual completa de todo lo que hay en él. Si para ello tenemos que acondicionar su espacio interior con más tablas, ganchos en las puertas y telas de arpillera para colgar la bisutería, lo hacemos ya que esto simplifica enormemente este proceso.

El objetivo es que podamos obtener muchos conjuntos con un armario ligero, sin demasiadas prendas y complementos, pero donde todo combina.

Para tener una idea exacta de lo que guardamos en nuestro guardarropa nos vestimos formando conjuntos completos (incluidos los complementos), nos hacemos una foto y cuando tengamos las de todas las combinaciones posibles nos daremos cuenta de los defectos, carencias, estilo o la falta de él de cada "look", también sabremos si se ajustan a la imagen que queremos dar o no.

Después de estudiar las fotos haremos una lista de lo que necesitamos comprar, ya tenemos la información necesaria para hacerlo acertadamente pues sabemos las formas y colores que más nos pueden favorecer. También es muy útil mirar fotos de estilismos que nos gusten en las revistas o en la red porque nos pueden dar buenas ideas para añadir a nuestro armario.

Una vez que tenemos la ropa que necesitamos y habiendo corregido los errores volvemos a fotografiar todas las combinaciones posibles y las ponemos en la puerta del armario, de forma que al primer golpe de vista sabremos como vestirnos.

BASICOS: Hay todo tipo de teorías respecto a ellos, dependen del estilo y vida de cada persona, lo que si es muy importante es que tengan buen diseño y sean de calidad porque son la base del guardarropa.

Para elegir los básicos adecuados sigamos la pauta de la forma corporal y el color (pelo, ojos y piel), esto es muy importante para que nos favorezcan.

Una lista general podría ser: la universal camisa blanca más una negra o de un tono oscuro, vaqueros, camisetas de cuello de pico o redondo de colores neutros, un jersey de cuello alto, un pantalón oscuro de corte recto y otro pitillo, una falda recta corta y otra larga, traje negro corto, traje de chaqueta completo (falda o pantalón), un traje de fiesta, una cazadora de cuero y un abrigo largo.

Teniendo un buen fondo de armario se pueden comprar cada año varias prendas o complementos que sean tendencia y así vestir de forma actual sin tener que renovarlo todo cada temporada.

Cada uno debe hacer su propia lista en función de la ropa que más utiliza, una persona puede ponerse mucho el vaquero y nada el traje chaqueta o al revés, por eso no hay que seguir una pauta predeterminada pero si realista porque el objetivo es usar a menudo todo lo que tengamos, de otro modo empezamos a almacenar, dejamos de ordenar adecuadamente y vuelve el caos que intentamos evitar.

7) PASO: MAQUILLAJE

Sobre este tema hay muchísima información, pero el objetivo de este manual es hacer fácil y accesible maquillarse en la vida cotidiana, de forma rápida y efectiva, para estar favorecidas siempre, no sólo en las ocasiones especiales, por tanto se trata de simplificar este proceso para que cualquier persona pueda hacerlo.

Lo primero es cuidar mucho la piel porque de ella depende que resplandezca el rostro o que parezca una máscara, para ello hay que seguir unas pautas y ser constante. Es vital desmaquillarse cada noche y ponerse crema hidratante (acorde con nuestro tipo de piel: seca, mixta o grasa) porque ésta pierde agua con la edad y es la causa de las arrugas.

Una vez por semana hacerse una exfoliación en el cutis para eliminar células muertas, hay productos exfoliantes muy buenos y también recetas naturales como ésta: mezclar aceite de oliva, azúcar y miel y con la masa resultante aplicarla en la cara limpia haciendo círculos, después enjuagar con agua fría y queda la piel como la seda.

Lavarse la cara con agua con hielo tiene un efecto tensor, que aporta lozanía y frescura, la actriz Sofía Loren dice que lo hace todas las mañanas.

Antes de maquillarse, con la piel limpia, poner una crema base que nos proteja, cuya textura puede ser líquida, cremosa o en espuma.

Después utilizamos el corrector, si lo necesitamos, para tapar defectos (ojeras, venitas, granos, cicatrices…), son muy prácticos los de barra al ser más fáciles de usar.

El maquillaje que usemos debe ser muy natural y acorde con el tono de nuestra piel, de otro modo queda artificial y parece que nos estamos disfrazando, los hay de texturas muy ligeras (ideal para pieles jóvenes) y otras más densas que ocultan mejor los defectos, con él ya tenemos la piel con la base adecuada para trabajar.

Para dar color y forma al rostro se utiliza el colorete, que es fundamental para darle volumen a las partes que queremos resaltar, su tonalidad suele ser de la gama de los rosas, melocotón o tierra y se utiliza para realzar las zonas, es como pintar un cuadro; los pómulos, la frente, la partes de la nariz o de la barbilla que queramos acentuar se retocarán con un color más intenso para centrar la atención en lo más positivo y el resto lo dejamos de un tono neutro para disimular los defectos. Para unificarlo todo podemos utilizar polvos sueltos, evitando así el exceso de grasa y consiguiendo una piel radiante, uniforme y luminosa.

Para evitar los antiestéticos brillos en la cara, que aparecen antes o después, existen unas láminas faciales que los absorben y siempre debemos llevar algunas encima para aplicarlas cuando haga falta.

Ahora el toca el turno a los ojos, hay una regla que no hay que olvidar, para el ojo de color claro se utiliza el lápiz en tono oscuro y para el oscuro, el de tono claro porque hacen resaltar el color natural del ojo. Ej: Ojo azul claro-lápiz azul marino, marrón oscuro o negro. Ojo azul oscuro- lápiz azul claro, marrón claro o gris. Ojo marrón claro- lápiz verde, marrón y gris. Ojo marrón oscuro- lápiz verde, marrón y plateado. Ojo verde claro- lápiz verde y marrón oscuro. Ojo verde oscuro- lápiz verde y marrón claro. Ojos negros- lápiz marrón, verde, azul y plateado según nos favorezca más.

La misma tónica seguiremos con las sombras, probando las oscuras en la parte más cercana al ojo y más clara en el resto del párpado, se deben extender con pinceles para difuminarlas mejor y debajo de las cejas se pone un poco de iluminador para jugar con el volumen del párpado.

En cuanto a los colores no nos limitemos a los dos o tres que más nos favorecen, se deben experimentar todas las combinaciones posibles con colores atrevidos porque a veces las mezclas más curiosas resultan las más atractivas, es bueno variar para no aburrirnos y descubrir nuevas posibilidades.

Las cejas y pestañas son fundamentales porque resaltan la mirada y le dan expresividad. Para saber cuál es la forma más favorecedora para nuestras cejas podemos utilizar un lápiz de color parecido al de nuestro pelo y dibujarlas exactamente como nos gustaría tenerlas (se deben probar todas las combinaciones que se quieran porque es una prueba que se elimina fácilmente) y cuando descubramos la forma que más nos guste acudir al profesional adecuado o depilar y delinearlas nosotros mismos pero con mucho cuidado y moderación porque es pelo que al quitarlo se puede perder.

En cuanto a las pestañas se deben alargar lo más posible, utilizando el rizador de pestañas, poniendo muchísimas capas de rimel o utilizarlas postizas, es el complemento necesario para destacar los ojos y darle vida a la mirada.

Por último los labios, si hemos pintado mucho los ojos deberán ir discretos, con un poco de color y brillo, si queremos darles más importancia se pintan de vivos colores y para enfatizar su volumen se delinean con un lápiz a juego con el color elegido. Un truco es aplicar polvos translúcidos antes de pintarlos les añade volumen. Es conveniente exfoliarlos una vez a la semana, igual que la piel, para eliminar células muertas y mantenerlos suaves.

Los dientes sanos y blancos son necesarios para una buena imagen, por ello hay que cuidarlos acudiendo a buenos profesionales, evitando mancharlos con alimentos y sustancias que los estropean. Una hermosa sonrisa es el mejor reclamo.

Queda el tema del maquillaje cuando carecemos de tiempo, algo muy frecuente. Podemos hacerlo de forma express teniendo siempre en la guantera del coche un kit de maquillaje muy básico: lápiz de ojos, rimel, una barra de labios y un gloss (brillo de labios), todo en los tonos acordes a nuestra gama de colores.

Aprovechamos cualquier momento y simplificamos al máximo el proceso del maquillaje siguiendo los siguientes pasos:

1-Pintar una raya muy suave en la parte interna del ojo y otra más gruesa en el párpado junto a las pestañas.

2-Con la barra de labios dar color en mejillas, un poco de sombra en los extremos de los ojos (todo con los dedos) y pintar los labios.

3-Aplicar varias capas de rimel en las pestañas para darles grosor.

4-Por último usar el gloss para dar brillo a los labios.

El tiempo que se tarda son unos pocos minutos (mientras más se practica mejor sale y se tarda menos) pero merece la pena porque se tiene buen color y se está favorecida, sobre todo se quita el efecto de cara recién levantada que solo las más jóvenes pueden sobrellevar con buen aspecto.

Si no te ha dado tiempo a perfumarte en casa hazlo también en el coche, donde se debe llevar siempre algún perfume, es importante hacerlo porque da el toque final.

8) PASO: COMPLEMENTOS (GAFAS, JOYAS, ADORNOS PARA EL PELO, PAÑUELOS, CINTURONES, ZAPATOS, PERFUMES…)

En un conjunto la base es la ropa pero los complementos son los que dan el toque definitivo, si no se eligen adecuadamente pueden arruinarnos nuestro estilismo, por ello se le deben dar la importancia que tienen.

Los vamos a analizar uno por uno, pero recordad que "menos es más", es mejor llevar pocas cosas pero de calidad y bien combinadas que muchas y en desorden porque con el exceso es más difícil que el conjunto resulte.

GAFAS: Son un complemento esencial porque las llevamos muy a menudo, por eso hay que elegirlas bien para que nos ayuden a conseguir la imagen que queremos proyectar.

Las de ver tienen que ser cómodas, juveniles y originales, acorde con la forma de la cara y nuestros colores. Ante la duda comprarlas con la montura al aire (son las más naturales). Las de pasta negra o marrón te hacen parecer mayor, las de colores son divertidas pero pueden cansarnos. Las redondas dan un aire intelectual y las cuadradas de persona seria. Lo ideal es probarlas todas y elegir las que nos hagan sentir mejor, podemos tener varias y utilizarlas en distintas ocasiones y así no cansarnos.

Las de sol son un complemento muy importante porque se utilizan mucho, debemos tener al menos unas clásicas (modelo aviador), unas muy grandes (son super estilosas) y unas modernas (de espejo, de cristal de colores…), cuando nos hagamos las fotos con los conjuntos del armario siempre se deben incluir las gafas para ver como combinan con los estilismos que hemos elaborado.

JOYAS: Dan un toque de elegancia y distinción pero si se llevan en exceso provocan el efecto contrario. De día se deben llevar discretas, de un tamaño adecuado para el diario y composición minimalista (perlas, oro o plata, evitar piedras preciosas o bisutería ostentosa)

De noche hay mucho más margen para combinar, se pueden llevar pendientes, collares, pulseras o anillos de gran tamaño y composición barroca con distintas piedras, metales, colores… pero hay que recordar que no debemos llevarlos todos juntos, si los pendientes son muy largos, no llevaremos collar y si este es grande y llamativo los pendientes serán discretos o no se ponen. También debe haber moderación con las pulseras y anillos, evitemos parecer un árbol de Navidad, es mejor llevar una sola pulsera o anillo que destaquen que muchos que nos sobrecarguen.

ADORNOS DE PELO: Los coleteros, horquillas, lazos, flores o broches, pueden ser muy favorecedores, son el complemento perfecto a un peinado porque aportan un toque de originalidad y sofisticación que resulta muy atractivo. Deben ser de un tono acorde con el pelo, de buena calidad, con formas que nos favorezcan, evitando que sean recargados y resulten vulgares. Hay una variedad inmensa, probemos muchas opciones: cola de caballo tirante con coletero metálico, melena larga con broches estilo antiguo que recogen el pelo, horquillas con forma de mariposa adornando un moño, trenza ladeada adornada con un lazo…son detalles que marcan la diferencia.

PAÑUELOS: Son el acierto o la ruina de un conjunto.

Se debe tener una amplia variedad de ellos para poder elegir en todas las ocasiones; lisos, estampados, de distintos tejidos (seda, algodón, lana fina….)

Hemos señalado anteriormente que al hacer las fotos de nuestros estilismos se utilicen todos para saber cual es el adecuado para cada ocasión.

Este complemento lo podemos utilizar para cambiar el estilo de las prendas que llevamos, ya que si nos vestimos con un conjunto monocolor y lo combinamos con un pañuelo de algodón de un estampado divertido iremos perfectas para salir por la mañana pero si por la noche lo cambiamos por uno de seda muy llamativo, acentuamos el maquillaje y añadimos alguna joya vamos más arregladas, cambiamos de estilo y lo adaptamos a nuestras vida social sin perder tiempo.

Es muy importante saber colocarse los pañuelos, foulards o bufandas, hacerlo de forma original y con gracia le da un toque diferente que nos hace únicos. Se pueden utilizar broches, alfileres o simplemente una argolla o un nudo para sujetarlos. Probemos formas nuevas o copiemos a modelos y famosos, el caso es encontrar la forma que más nos favorece. Hay que recordar que las personas con el cuello fino se deben dar una vuelta alrededor del él y las que lo tienen grueso deben procurar que les quede en forma de pico para dar sensación de esbeltez.

Utilicemos este complemento siempre que podamos porque bien llevados son estilosos, elegantes y sofisticados.

CINTURONES: si queremos resaltar la cintura son el complemento ideal y si queremos disimularla también. Los hay de muchas clases pero hay que saber que los discretos tratan de realzar la ropa y los llamativos atraen la atención sobre ellos porque son el adorno estrella en una ropa neutra. Por ejemplo, unos vaqueros y una camisa blanca con un cinturón espectacular forman un estilismo mucho más atractivo que si nos ponemos uno que pasa desapercibido. Por ello debemos tener de varias clases, hay auténticas obras de arte en cinturones, adornados con piedras, plumas, metales… sólo es cuestión de buscar.

Las personas sin cintura no tienen por qué renunciar a ellos porque se los colocan a la altura de la cadera, dejando holgada la camisa o el traje que lleven y consiguen así disimular su defecto y complementar sus conjuntos.

ZAPATOS: Para muchas personas son su debilidad, unos zapatos que nos entusiasmen nos dan muchas alegrías. Es obvio que deben ser cómodos, sobre todo por salud, pero en cuanto a estética hay que tener en cuenta algunas pautas:

Pierna larga y delgada: llevando pantalón se pueden usar los zapatos tipo Oxford, abotonados, botas de caña alta o las de tipo esquimal con pelo. Con falda se llevan zapatos de tacón tipo salón, con pulsera, mocasines o bailarinas.

Pierna larga y gruesa: usar pantalón y zapato o botín del mismo color para estilizarla, evitar zapatos con pulsera o botas altas y procurar no utilizar faldas.

Pierna corta y delgada: con faldas justo encima de la rodilla, zapato de tacón tipo salón porque alargan la figura, evitar los de pulsera porque la acortan. Con pantalones, procurar que sean rectos, llevarlos largos y usar grandes tacones o cuñas del mismo color que hagan el efecto óptico de alargar.

Pierna corta y gruesa: usar pantalón de corte recto y tacones o cuñas altos de igual color, evitar las faldas.

PERFUMES: Son imprescindibles, una mujer bien perfumada resulta mucho más agradable, atractiva y completa. Pero hay que tener cuidado porque si el perfume es agresivo o desagradable el efecto es devastador.

Hay que perfumarse con moderación para no dar un bofetón de olor a los demás, durante el día se deben usar fragancias ligeras y por la noche más densas.

Los olores los guardamos en la memoria y nos pueden evocar amores, familias, casas, ciudades, viajes…también afectan al ánimo elevándolo en muchas ocasiones, nos dan sensación de limpieza, armonía y belleza.

En países como Japón se les da una importancia enorme porque definen a la persona, su status económico o social, su buen gusto e incluso su personalidad, es todo un arte al que le dedican mucha atención.

Cada persona debe usar el perfume que le haga sentir bien, es algo subjetivo, uno debe descubrir el suyo y utilizarlo, porque estimula los otros sentidos y le dan el toque final a todo el conjunto.

9) PASO: TIPOS DE IMAGEN

Para mejorar o cambiar de imagen lo primero que tenemos que saber es cual queremos tener y la mayoría no lo tiene claro, puede ser por falta de reflexión, información o modelos de referencia, puede que nos guste la imagen de algunos famosos pero no sabemos si encaja con la nuestra o nos es difícil interpretarla.

Para elegir hay que tener opciones, así que lo más práctico es analizar diferentes estilos y quedarnos con el que más se ajuste a nuestra edad, personalidad y estilo de vida.

Los adolescentes o jóvenes no suelen tener una idea definida del estilo que quieren tener porque están construyendo su personalidad y suelen vestirse en función de influencias exteriores (actores, cantantes, famosos…), por ello hay que ofrecerles estilos juveniles que les favorezcan y con los que se identifiquen, por ejemplo se puede ir muy elegante con el estilo gótico y no hace falta parecer de la familia Monster, es necesario explicarles muy bien todas las tendencias pero insistirles que pueden ir estilo hippy, roquero, sport, gótico, preppy…o el que quieran pero bien vestidos y con clase, todo es compatible.

De los 20 años en adelante se toma una mayor conciencia sobre este tema porque es una época donde se decide el rumbo que va a tomar la vida de cada uno, se forman las parejas, se intenta la introducción en el mundo laboral y se definen las amistades.

Hay que asumir que para conseguir objetivos hace falta inteligencia, disciplina, estudio e información porque hay mucha competitividad y por ello hay que esforzarse por ofrecer lo mejor, interior y exteriormente.

En la edad madura no se suele dar tanta importancia al aspecto físico, siempre hay personas que se preocuparán por él porque lo han hecho toda su vida, pero la mayoría se relaja y le da prioridad a otras cosas sobre todo a la comodidad y al descanso. Pero también aparecen en esta época de la vida el aburrimiento, la apatía y la depresión porque parece que ya está todo hecho y no queda nada nuevo por vivir, ya no quedan expectativas. Por ello es más necesario que nunca cuidar nuestra imagen ya que ello implican una creatividad que nos puede ayuda a sentirnos bien, elevar nuestro ánimo y volver a sentir ilusión.

Hay diferentes estilos para cada época vital, vamos a describirlos y a dar ideas para aplicarlos, pero ante todo seamos originales, se pueden probar todas las posibilidades; seguirlos con exactitud, mezclarlos, tener varios y utilizarlos según las circunstancias o nuestras apetencias, todo vale pero teniendo en cuenta que el resultado tiene que ser armónico, favorecedor y elegante.

DISTINTOS ESTILOS DE VESTIR:

SPORT: vaqueros, camisetas, cazadoras y zapatillas de deporte. Es un estilo muy cómodo y fácil de llevar para los más jóvenes pero para que sea favorecedor hay que seguir unas pautas:

NUNCA llevar tallas más grandes que la nuestra, la idea de que la ropa extra todo lo tapa es un error, no parece nuestra y da sensación de dejadez.

EVITAR llevar un uniforme, siempre la misma ropa y del mismo color, por ej. negro o gris, en este estilo lo que más favorece son los colores vivos, un posible conjunto podría ser unos vaqueros con camiseta blanca y cazadora de un color intenso como el rojo, verde o amarillo se complementa con unas zapatillas converse, si el peinado es una cola de caballo alta o la melena suelta ya tenemos un estilismo sencillo, juvenil y atractivo.

Es importante recordar que sólo se usa el chándal para hacer deporte.

ROQUERO: pantalones pitillo de color negro o en tonos grises, morados, verdes o rojos muy oscuros, camiseta blanca o negra de cuello redondo o de pico con pañuelo liso o con estampados muy modernos, cazadora de cuero negro estilo motero (imprescindible), botas o botines estilo militar. Los accesorios (pulseras, colgantes, pendientes) deben estar hechos en plata y cuero. El maquillaje debe ser en tonos pálidos con los ojos ahumados en negro con sombra oscura (a juego con la ropa) y los labios de colores fuertes, como el rojo oscuro.

El cabello puede ir ligeramente despeinado, suelto o recogido.

GOTICO: los colores de este estilo son el negro, morado y rojo en su tonalidad más oscura. Los pantalones son estrechos con abrigos largos o de tres cuartos, capas cortas o largas (estilo vampiro), camisa o camiseta negra. Las joyas en plata con algo negro como piedras de azabache o cuero. Los zapatos abotinados y estrechos, botines altos con cordones o botas de caña alta con adornos plateados.

En este estilo es muy importante el maquillaje, la cara debe ir muy pálida, sin colorete, los ojos muy maquillados en negro, pueden ir con eye liner, khol o ahumados y los labios pintados en tonos muy oscuros.

Melena larga, lisa y brillante, preferentemente negra o color caoba oscuro.

HIPPY: Faldas extra largas, pantalones bombachos de tela, chalequillos de cuero o de flecos, camisetas de algodón, cinturones de piel sin teñir, bolsos de bandolera y sandalias de tiras de cuero. Los colores principales son los de la naturaleza (marrón en toda su gama, verde hoja…) y los accesorios suelen ser étnicos (collares y pendientes artesanos). Todo lo referente a este estilo, que empezó en los años 70, puede encontrarse en mercadillos y en tiendas alternativas. El peinado es melena larga natural o a capas, se usa bastante el flequillo que da un aspecto juvenil e informal.

HIPPY CHIC: Es una variante del estilo anterior y posterior a él, la diferencia es que el tipo de ropa es más sofisticada y no se encuentra en mercadillo sino en tiendas porque el nivel adquisitivo de los clientes es más alto. Consta de chalecos de ante, pantalones holgados, faldas o trajes largos de seda, cinturones con pedrería o plumas, la gama de colores es más amplia (mostaza, violeta, verde agua…) sandalias romanas y botas, accesorios en oro y plata muy modernos. El peinado es más elaborado, moño, coleta o recogidos con un punto despeinado.

BOHO CHIC: Es una mezcla del anterior pero añadiendo un punto bohemio que se consigue con vestidos largos en colores naturales o tierra, mezclando diversas prendas superpuestas que crean un look desenfadado, relajado y muy personal. En verano se usan sandalias planas y en invierno botas. Los bolsos suelen ser grandes con adornos (tachuelas, bordados, flecos..).

ETNICO: Es propio de personas que suelen viajar mucho, la ropa y los accesorios son típicos de puntos geográficos que han conocido o les atraen, pueden ser de estilo tribal (indio, africano o australiano) con piezas originales de esas etnias (saris, pareos, mantas, collares, mocasines o sandalias), oriental (ropa estilo kimono, con bordados o estampados, maquillaje o accesorios de pelo), árabe (caftanes, turbantes, velos, túnicas, zapatillas) o trajes tradicionales de zonas europeas. Es un homenaje a otras culturas y resulta un estilo muy favorecedor si sabe adaptarse bien al físico y edad de la persona que lo lleva.

NAIF: Proviene de una palabra francesa que significa ingenuo. Se inspira en mujeres muy femeninas, dulces e inocentes. Las prendas que se utilizan son muy románticas; encajes, transparencias, cuellos bebé o vestidos de algodón en colores pastel. Los complementos son diademas, zapatos Oxford y calcetines cortos. El maquillaje es muy suave, en tonos rosas. El peinado es melena larga y lisa que puede ir suelta o en trenza.

PREPPY: Se inició en los años 40 como reflejo del vestuario de los estudiantes de los mejores colegios y universidades norteamericanas. Se utilizan bermudas y faldas combinadas con polos y chaquetas que pueden llevar los escudos de la institución donde estudian, corbatas y zapatos Oxford. Como complementos se usan bufandas de marca, mochilas y carteras de piel. Los colores estrella son el blanco, rojo y azul marino, también se recurre al estampado de cuadros escoceses. Refleja una juventud radiante, deportiva, atractiva y con ganas de triunfar.

LADY: Es un estilo muy femenino que se inspira en otras épocas (años 50 y 60) y retrata una mujer dulce y coqueta que inspira ternura y protección. Consiste en faldas de mucho vuelo o rectas pero resaltando curvas, la cintura está muy marcada, la parte superior ajustada con blusas y rebecas a juego del mismo color, los pantalones son largos con pinzas o estilo Capri, pañuelos estampados y chaquetas cortas a la altura de la cintura. Los colores básicos son el blanco, negro, rojo o azul y también los colores pastel. Los zapatos de tipo salón con tacón o bailarinas. El peinado es con recogidos o colas en alto, en algunos casos con lazo. Los accesorios son discretos, collar de perlas, pendientes pequeños o un broche clásico. Es importante el uso de guantes con sombreros o tocados. Los labios siempre rojos.

Dentro de esta tendencia coexiste otra que es más extrema y se inspira en la juventud de los años 50, es el estilo PEGGY SUE, recibe el nombre por la película "Peggy Sue se casó". Consiste en faldas muy amplias de vuelo a la altura de media pierna con combinación blanca y almidonada en su interior para acentuar el volumen, cintura muy estrecha marcada por un cinturón, parte superior ajustada sin mangas o manga corta con rebeca o chaqueta corta y zapatos estilo bailarina. El pelo va recogido en una cola alta adornada con un lazo y con un flequillo recto.

PROFESIONAL: Este es el estilo adecuado para ir a trabajar en ambientes formales, hay que vestir elegante, con colores discretos, formas sencillas y ropa con la que nos sintamos cómodos porque pasamos muchas horas trabajando, se utilizan adornos que favorezcan pero sin llamar demasiado la atención. En este estilo es más importante destacar el interior que el exterior, pero nunca descuidar este último.

El tipo de ropa es de formas rectas en trajes y abrigos, son imprescindibles los trajes de chaqueta de falda y pantalón (pueden ir con chaleco incluido), camisas blancas, bufandas y pañuelos preferiblemente de color liso, zapatos abotinados o de salón de medio tacón. Los accesorios deben ser discretos: pendientes de perla o pequeños aros de oro o plata, collares y pulseras pequeños.

El pelo puede ir recogido porque causa impresión de orden y seriedad y resulta más cómodo para trabajar.

URBANO ELEGANTE: Hay rasgos del anterior pero más libertad para elegir prendas y accesorios menos formales.

Los abrigos largos y envolventes de colores neutros como el blanco, gris o camel, forman un buen comodín porque con un bonito pañuelo, un bolso grande y unas botas altas forman un buen estilismo, si a lo anterior añadimos una gafas de sol grandes de pasta negra o marrón y un sombrero o un peinado llamativo el resultado será muy favorecedor.

El pantalón de cuero con abrigo tres cuartos recto estiliza mucho la silueta y como accesorios los bolsos, bufandas y zapatos clásicos son otra opción.

Si vamos a recorrer la ciudad y queremos ir cómodas pero sin renunciar al estilo se puede ir con unos vaqueros, zapatos indicados para andar (no de deporte), jersey de cuello alto y cazadora metalizada. Hay que tener siempre en cuenta nuestra gama de colores, si somos de tipología cálida la cazadora será de color cobre, el jersey nude, y los zapatos que complementan el vaquero de ante marrón. Si la tipología es fría llevaremos jersey blanco con cazadora plateada o gris metal y los zapatos grises o negros.

En este estilo se usa más el tacón bajo o zapato plano porque nos movemos mucho por la ciudad y es muy importante la comodidad.

CLASICO: Es para personas de cierta edad, muy conservadoras, que no quieren arriesgar y les gusta ir siempre elegantes. La prenda estrella es el vestido, que puede ser de muchos tejidos según la estación del año y de distintos estampados, normalmente ajustado a la cintura y la falda con cierto vuelo. Se suele acompañar de una chaqueta en primavera y verano (lisas y de color blanco o camel) y de un abrigo en invierno (colores negro, beige y gris). También la gabardina beige o gris de corte clásico es un básico en este estilo.

Se usan siempre medias, las transparentes y negras estilizan las piernas y las estampadas y marrones hacen el efecto contrario. Se suele llevar tacón alto con zapato salón en marrón o negro.

Los accesorios son muy tradicionales, un anillo con piedras preciosas, un reloj de oro, pulseras de oro discretas, collar de perlas y pendientes de oro o plata con perlas. Los pañuelos suelen ser de seda y de firmas conocidas, van en consonancia con el perfume que pertenece a los clásicos de toda la vida.

Aunque la moda ha evolucionado en muchas tendencias las personas de este estilo siguen fieles a la imagen tradicional de elegancia, aciertan siempre porque no arriesgan pero esto les aporta seguridad.

MADURO JUVENIL: Hay personas mayores que no quieren vestirse de forma clásica y tradicional porque creen que les envejece, se sienten muy vivas, con muchas ilusiones y prefieren ropa que reflejen su vitalidad.

En ciertos países se acostumbra a vestir de colores oscuros en la edad madura, especialmente el negro, mientras que en otros se hace justo lo contrario se visten de colores claros para aportar luminosidad, alegría y buen ánimo a la vida.

Lo ideal es que la ropa sea muy cómoda, de colores claros o pastel; rosa, vainilla, azul, verde, amarillo y por supuesto el blanco que combina con todos los anteriores.

Un conjunto completo puede ser blusón, que puede ir abierto sobre un body en tono más claro o cerrado con pantalón ancho del mismo color, que disimule la falta de cintura que ocurre con la edad, combinándolo con un pañuelo largo y estampado. Resulta muy fácil de llevar y las combinaciones son muy amplias.

MINIMAL: Su máxima es "menos es más", es básico y cómodo, trata de combinar el mínimo de prendas y accesorios posibles. Se pueden utilizar tres colores que combinen entre sí por ej: blanco, negro y camel y varias piezas de vestir complementarias como chaqueta, pantalón y falda, si añadimos un par de vestidos ya tenemos un fondo de armario.

Este estilo es adecuado para profesionales muy ocupadas que carecen del tiempo necesario para arreglarse y deben reducir sus opciones al vestir.

Los conjuntos deben ser elegantes y fáciles de llevar ya que lo mismo van una reunión de trabajo, un almuerzo de negocios o un cóctel y no tienen tiempo para cambiarse.

BARROCO: Es un estilo difícil de llevar porque pocas personas tienen la elegancia y el porte adecuados para que encajen bien adornos y accesorios en exceso. El arte está en saber combinarlos y no acabar pareciendo una tienda ambulante.

Hay que tener claro los colores que queremos llevar y procurar que los accesorios pertenezcan a la misma gama.

Los volantes, lazos, encajes…son propios de este estilo. Se puede combinar un vestido muy adornado con una chaqueta más sobria o viceversa.

Los accesorios pueden ser variados, suelen ser muy llamativos y de gran tamaño pero teniendo en cuenta que hay que dosificarlos, por ejemplo si llevamos unos pendientes grandes, el collar debe ser mucho más discreto y si las son pulseras grandes sólo una. Lo importante es que el conjunto aunque sea arriesgado resulte bien.

ECLECTICO: Consiste en la combinación de diferentes estilos y tendencias, por ejemplo un vestido lady con una cazadora de cuero negro estilo roquero, es muy complicado conseguir que todo resulte, por eso lo utilizan mujeres muy seguras de sí mismas que no tienen miedo de arriesgarse porque se consideran únicas y crean su propia tendencia.

VINTAGE: Se refiere a prendas y complementos de otras épocas pero que se han recuperado y se lucen en la actualidad, es una tendencia que llegó para quedarse ya que la moda tiende a repetirse y también porque hay prendas que nunca cansan y resultan muy favorecedores.

RETRO: Es una variante del anterior con la diferencia que las prendas tienen el patrón antiguo pero están hechas con materiales nuevos.

TRENDY: Se llama así a todo lo que está de moda en el momento actual, las últimas tendencias, todo lo anterior está desfasado. Los que siguen esto al pie de la letra son los "fashion victims" que suelen estar muy informados de todo lo último que ha salido en colecciones y desfiles de moda, viven muy pendientes de su imagen y de la opinión de los demás tratando de ser líderes en el aspecto estético.

INCLASIFICABLES: Este es el apartado menos convencional porque no hay un estilo definido, en él entran las personas con una estética tan original que han marcado su propio estilo, si nos fijamos en Alaska, Agatha Ruiz de la Prada, Tilda Swinton, Lady Gaga o Kate Perry, nos damos cuenta que visten de forma única, sin tener en cuenta la moda, tendencias, influencias sociales, familiares… tienen unas personalidades tan acusadas que ellas mismas marcan sus propias tendencias. Aunque algunos de estos casos no son productos del azar sino el resultado de una estudiada operación de marketing para lanzar la carrera de un artista nuevo o de uno que se quiere reinventar, lo cierto es que funciona y les ha hecho posible destacar entre la multitud, provocando que se fijen primero en su imagen para hacerlo después en su arte.

Lo importante es conocerse muy bien, saber qué estética nos atrae y ajustarla a nuestro físico para gustarnos y gustar, sobre todo lo primero, porque cuando uno se siente a gusto consigo mismo está más feliz y goza de una seguridad y una autoestima que perciben los demás.

Sería interesante que dediquemos un tiempo a pensar qué nos gustaría ponernos y no lo hacemos por vergüenza. Con la información que ya poseemos podemos crear nuestros propios estilismos de forma más moderada o extrema, sobre todo intentemos vestir como nos gusta, porque somos únicos e irrepetibles y la estética es nuestra forma de expresarnos, de ser creativos, de manejar nuestras emociones…en resumen, nos condiciona como personas, por ello merece la pena dedicarle el tiempo y la energía necesarios para encontrar nuestro propio estilo.

10) PASO: ¿QUE IMAGEN QUIERES PROYECTAR? TRADICIONAL, MODERNA O TRANSGRESORA.

Hazte una serie de preguntas:
- ¿Cómo eres?
- ¿Cómo vives?
- ¿Qué tipo de ropa y accesorios te atraen?
- ¿Qué colores te hacen sentir bien?
- ¿Cuáles son tus aficiones?
-¿Qué trabajo tienes o te gustaría tener?
- ¿Cómo te imaginas tu casa y tu lugar de trabajo ideal?
- ¿Cómo quieres ser por dentro y por fuera?
-¿Qué famosos son los que más te atraen?

Escribe las respuestas y al revisarlo ya tendrás una idea aproximada del estilo que te gustaría tener. Pero procura pensar sólo en ti, no intentes agradar a otros, tú eres el/la protagonista.

¿Qué significa ser tradicional, moderna o transgresora?

En el primer caso nuestro estilo es clásico, preppy, urbano y minimalista, en el segundo podemos elegir otros como el hippy/chic, sport, étnico o roquero y en el tercero barroco, ecléctico o inclasificable, hay bastantes opciones.

Recuerda que tu forma de vestir debe ser acorde con tu personalidad y estilo de vida, es la representación externa de tu interior, tu tarjeta de presentación y según sea te van a clasificar de forma positiva o negativa por lo cual es importante que analices lo que quieres que los demás perciban en ti.

- FAMOSOS, ESTUDIO DE IMAGEN, RASGOS DISTINTIVOS, GESTOS, CAMBIOS RADICALES, REINVENCIONES Y OTRAS CURIOSIDADES.

Hay famosos por condición y famosos por elección, los primeros lo son por su entorno social, económico o profesional, muchos a su pesar, pero otros buscan la fama para lanzar sus carreras (cantantes, actores, presentadores de televisión, modelos…). Hay tal nivel de competitividad que necesitan distinguirse de los demás para triunfar y estudian concienzudamente sus cualidades (interiores y exteriores) para destacar algún rasgo que los haga diferentes, llamativos y atractivos. Algunos acuden a profesionales de marketing que les aconsejan lo que deben hacer pero muchos no disponen de los medios necesarios, sobre todo al empezar, y estudian lo que han hecho otros, suele ocurrir que cuando ya adquieren madurez y estima como artistas es cuando empiezan a desarrollar su propio estilo.

¿Qué es lo primero que intenta un aspirante a famoso? Llamar la atención. ¿Cómo se consigue? Con una imagen potente y talento, porque si solo hay apariencia la fama dura un suspiro. ¿Cómo se consigue dicha imagen? Destacando el rasgo del famoso que puede fijarse en el subconsciente del público y que lo distingue de los demás haciéndolo único e irrepetible, es su rasgo distintivo, su sello personal. Puede ser su peinado, su sonrisa, maquillaje o forma de vestir pero tiene estar tan unido a su imagen que al ver a esa persona identifiquemos su estilo inmediatamente. Si se hace una caricatura del famoso sería lo primera que resaltaría.

Las personas que viven de cara al público estudian mucho su imagen, por ello procuran estar en forma, con cuerpos esbeltos y un aspecto exterior muy cuidado, lo cual supone trabajo y disciplina. Muchos son guapos pero otros no y han tenido que agudizar más su ingenio para destacar, por ejemplo Lady Gaga, ella anula sus carencias estéticas con una estudiada excentricidad y con ello consigue que nos olvidemos de su escasa estatura y rostro poco agraciado desviando nuestra atención hacia vestidos imposibles y un maquillaje que parece de ciencia ficción, su reinvención constante es digna de estudio y sus espectáculos son un prodigio de estímulos visuales que acompañan a sus canciones. Su imagen ha resultado la mejor publicidad para su música.

Hay muchísimos famosos, de lo más dispares, que han hecho de su rasgo distintivo su propia marca, vamos a analizar un grupo heterogéneo de ellos, de toda edad y condición para estudiar su estrategia.

Kate Moss: Modelo. Tiene una imagen rebelde, extremadamente delgada y con actitud lánguida.

Kate Upton: Modelo y actriz. Es corpulenta, exuberante y con curvas, que es la antítesis de la modelo tradicional, pero es su punto fuerte y lo explota.

Angelina Jolie: Actriz. En ella destacan sobre todo su boca, grande y carnosa, sus pómulos angulosos y su extrema delgadez.

Anne Igartiburu: Presentadora de televisión. Tiene una melena color rubio platino muy llamativa y cambia de peinado constantemente para reinventarse, su sonrisa blanca y fresca es otro de sus rasgos más significativos.

Esther Cañadas: Modelo. Destacaba por sus labios de enorme tamaño y ojos de gato.

Linda Evangelista: Modelo. Posee el contraste de ojos azules, piel blanca y pelo oscuro. Ha cambiado de imagen muy a menudo, es la más camaleónica de las modelos.

Jane Seymour: Actriz. Su larguísima melena castaña rojiza es su sello.

Farrah Fawcet: Actriz. Tenía una espectacular y voluminosa melena que marcó una época y fue de las más imitadas de la historia, su peinado consistía en cortar las capas muy largas, con flequillo también largo y se fijaba el volumen con rulos grandes, el color se conseguía con mechas rubias muy claras.

Anna Wintour: directora de Vogue USA. Tiene un peinado "Bob" de melena lisa muy corta y flequillo grande y recto, estilo años 20, no lo cambia nunca y es su sello de identidad en los 30 años que lleva dedicada al mundo de la moda.

Suzy Menkes: veterana analista de moda. Su rasgo distintivo consiste en un mechón rizado por un rulo invisible justo encima de su frente.

Justin Bieber: cantante. En sus comienzos destacaba su corte de pelo de forma redondeada y los movimientos que hacía con él.

Jesús Castro: Actor. Tiene una mirada impactante y sostenida en sus impresionantes ojos azules.

George Clooney: Actor. Es el rey de los gestos con una estética dandy muy estudiada.

Steve Mcqueen: Actor. El llamado rey del cool, fascinaba con sus expresivos ojos azules y su actitud rebelde.

Yul Brinner: Actor. Destacaba por su quietud y mirada impasible.

Winston Churchill: Primer Ministro británico durante la Segunda Guerra Mundial. Su imagen haciendo el signo de la victoria con los dedos y fumando un puro fueron sus rasgos distintivos durante toda la contienda.

Paco Umbral: Escritor. Siendo calvo se dejó una melena recta hasta los hombros, esto unido a sus gafas pequeñas pero muy graduadas le daba un aire de intelectual bohemio.

Juan Tamariz: Mago. Su pelo largo y rizado, su chistera, sus gafas redondas y su eterna sonrisa son sus rasgos característicos.

Todos ellos han destacado, la parte física es el reclamo inmediato porque presentan una imagen que agrada o provoca curiosidad, los gestos crean un vínculo emocional con los demás, su mensaje es atractivo, poderoso y deseable, por todo lo cual se quedan grabados en la mente y el corazón del público, de forma que las cosas que hacen son valoradas.

Llegado el día que un famoso no aporta nada nuevo, no provoca ninguna reacción en el público y pasa desapercibido, es cuando empieza el principio del fin de su carrera.

Ahora vamos a analizar cambios de imagen radicales y estudiar los pasos seguidos:

Eiza González: Actriz. Transformación de nariz y aumento de labios, larga melena rubia y pérdida radical de peso.

Tilda Swinton: corte de pelo con rapado en los laterales y flequillo extralargo, color rubio platino, tez pálida, apenas se maquilla los ojos, labios naturales o rojos y sus estilismos son de vanguardia o futuristas.

Marilyn Monroe: Pelo corto y rubio platino, ojos y cejas muy delineados, labios rojos y vestidos superajustados.

Rita Hayworth, la inolvidable intérprete de "Gilda": se agrandó la frente con depilación eléctrica, tiñó su pelo moreno de pelirrojo y peinaba su melena con amplias y voluminosas ondas. Destacaba su estrecha cintura utilizando prendas ajustadas y cinturones. Siempre iba con tacón y sus movimientos eran muy armónicos porque fue bailarina antes que actriz.

Cuando un aspirante a famoso triunfa su siguiente meta es mantener su fama para poder seguir trabajando en lo que ha elegido, esto es más difícil que su lanzamiento porque el público está ansioso por ver novedades y cuando alguien lleva bastantes años trabajando acaba cansando y corre el peligro de ser olvidado. Al llegar este momento se necesita un cambio y por ello se producen las reinvenciones de imagen, en ellas el artista rompe con su estética anterior para formar una nueva que vuelva a llamar la atención y así poder reafirmar su posición.

El ejemplo más notable es el de **Madonna** que tras tres décadas de carrera de lo más polifacética (cantante, bailarina, actriz, escritora de cuentos infantiles, directora de cine y diseñadora de moda) ha reinventado su imagen bastantes veces y nunca deja indiferente. Vamos a hacer un análisis cronológico:

Rebelde: en sus comienzos su imagen era muy transgresora, bailaba y cantaba enseñando la ropa interior, con cazadoras de cuero, vaqueros gastados y medias de rejilla, su color predominante era el negro y tenía un aire bohemio estudiadamente descuidado (sus pantalones y medias podían lucir algún roto). Llevaba colgantes con cruces y complementos en cuero. El maquillaje era muy marcado, con ojos pintados con khol y labios rojos. El mensaje era el de una juventud que decide vivir con libertad total y no teme a nadie.

- Marilyn Monroe: esta es su etapa más sexual, copia la estética de la actriz y hace unas giras escandalosas por los números tan atrevidos que interpreta en los escenarios, parece obsesionada con atraer a los hombres y ser una sex symbol.

Gótica: es la época del misterio, coincide con sus estudios esotéricos y aparece la artista vistiendo túnicas y prendas estrafalarias, deja su pelo largo y oscuro, acentúa la palidez de su rostro dejando todo el protagonismo a los ojos.

American life: Saca un disco de música country y se inspira en la América profunda para sus estilismos, donde los sombreros del oeste, pantalones vaqueros, camisas de cuadros, chalecos de ante y botas de piel terminadas en punta son sus básicos.

British: es su etapa inglesa, la más serena, dulcifica su indumentaria y se pone vestidos de corte clásico de grandes firmas de moda, su peinado es más tradicional con melena hasta los hombros cortada a capas con mechas rubias y su maquillaje es mucho más discreto.

Deportiva: Vuelve a Estados Unidos, donde la vida tiene un ritmo más rápido y la competitividad es mucho mayor, aunque ella sólo necesita demostrarse algo así misma porque lleva cosechando éxitos desde que empezó su carrera, necesita luchar contra el factor físico de la edad y gracias a su voluntad de hierro consigue mantener un joven cuerpo de atleta a sus 56 años, dedicando cuatro horas al día a su preparación física, por ello tiene todo un vestuario de prendas deportivas con las que aparece asiduamente.

Nórdica: su estilismo recuerda a la cantante Agnetha del grupo musical ABBA, lleva el pelo rubio platino y más largo, viste conjuntos futuristas con botas altas y un maquillaje donde resaltan las texturas brillantes especialmente en sombras de ojos y labios.

Madre de familia numerosa: en esta faceta es donde se muestra más natural, con ropa cómoda, poco maquillaje, grandes gafas y sombreros para protegerse del sol. Aquí resalta la persona antes que la artista.

Este es un ejemplo de cómo una misma persona puede adoptar distintos estilos según las etapas vitales y artísticas que esté viviendo y del poder de la imagen como reclamo para no quedarse en el olvido que es lo que todo artista trata de evitar.

Otro ejemplo de reinvenciones con un gran instinto comercial es la del matrimonio formado por **David y Victoria Beckham**. Son un ejemplo de tenacidad, voluntad y ambición para combinar sus profesiones; David es futbolista, modelo y diseñador (ha hecho trabajos puntuales de ropa interior) y

Victoria es cantante, modelo y diseñadora de moda consagrada, ambos explotan un sello estético innovador y en constante evolución.

En el caso de él que tiene un cuerpo atlético debido al deporte, siempre ha llamado la atención con sus cambios radicales de peinado: rapado, con trencitas, con cresta, con flequillo largo, media melena, mechas rubias (él tiene el pelo oscuro) y estilismos muy dispares desde el clásico gentleman inglés hasta el hombre más moderno vistiendo cazadoras de cuero con camisa interior blanca y colgantes de cuero o metal, pantalones de camuflaje y botas de militar.

Ella tiene un cuerpo extremadamente delgado trabajado en el gimnasio, luce peinados diferentes: pelo largo con extensiones y mechas más claras, pelo ultracorto y negro, estilo bob (melena corta) con mechas californianas, larga melena negra, con pelo liso o ligeramente ondulado y viste unos estilismos muy estudiados, normalmente lleva trajes cortos o a por debajo de la rodilla tipo tubo, tacones de vértigo y grandes bolsos y gafas de sol. Su maquillaje no es recargado, sus ojos negros siempre van muy marcados con lápiz oscuro, tez luminosa y labios (los tiene muy finos) con brillo transparente.

Los dos triunfan por su perfeccionismo, dedicación y maestría en la comunicación visual.

Otro aspecto que los famosos estudian mucho son los gestos; la sonrisa, la mirada, el tono de voz, la forma de colocar la cabeza, tocarse el pelo, forma de andar, colocar las manos, cruzar las piernas al sentarse, salir del coche etc. No suelen dejar nada al azar, todo está ensayado para que resulte atractivo.

Todo el mundo puede ensayar sus gestos, de hecho muchos lo hacen, para resaltar lo que más nos gusta de nosotros mismos, por ejemplo: una sonrisa especial, levantar una ceja, guiñar un ojo, ladear la cabeza, morderse un labio, mostrar el mejor lado de la cara…hay infinidad de ellos, pueden ser originales o copiados, pero siempre teniendo en cuenta que provoquen el efecto deseado en los demás, de otro modo no cumplen con el objetivo de atraer positivamente la atención sobre nuestra persona.

En el mundo anglosajón se aprecia más la expresividad con la mirada y la contención en los movimientos, un rostro pétreo pero que al mirar expresa las mas variadas emociones (tensión, ira, gozo, emoción…) resulta muy atractivo y así trabajan muchos actores ingleses y americanos.

El poder de la mirada es enorme, hay muchos romances, afectos y alegrías o por el contrario antipatías, humillaciones, discordias e incluso odios que comienzan por la forma de mirar. Analicemos nuestra forma de mirar, procurando que sea inteligente, positiva y que transmita buenos sentimientos ya que si miramos mal a otros haremos daño y será muy difícil recomponer la situación con esa persona.

También debemos cuidar los gestos que acompañen a la mirada porque si son excesivos como mover mucho las manos o el cuerpo, el conjunto puede resultar muy sobrecargado y causar un efecto indeseado.

El tono de voz es muy importante, cada persona tiene un tipo diferente, siendo muy agudo en la infancia y más grave al pasar los años. Cada uno nace con una determinada voz pero puede elegir como quiere hablar modulando el tono, vocalizando bien y expresándose correctamente con el ritmo y la cadencia adecuados, mejor si es lento y grave porque resulta más atractivo. Muchos actores acuden a profesionales para aprender, pero uno mismo puede hacerlo con la ayuda de una grabadora, podremos analizar nuestro tono y tratar de bajarlo o subirlo hasta llegar al deseado, hay que practicar hasta conseguirlo, es una cuestión de perseverancia.

La persona con la imagen más arrebatadora que al hablar lo hace de forma estridente, habla muy alto o rápido y no sabe expresarse desilusiona al más optimista.

Lo ideal es que los movimientos corporales sean lentos porque resultan más elegantes, observemos como se mueven los miembros de Familias Reales, son tan conscientes de que todo lo que hacen es observado y fotografiado que se mueven como en una coreografía, con ritmo pausado y sin ninguna estridencia.

No hace falta ser famosa y estar en una alfombra roja para saber posar ante una cámara, aunque las primeras lo hacen de maravilla porque ensayan una y mil veces la postura correcta para estar de pie, sentadas, andar, hacerse las fotos en diferentes posturas…

Pero cualquier persona puede hacerlo bien, hay nociones muy básicas para que no nos equivoquemos; la postura debe ser recta, no forzada, pero siempre con los hombros y la espalda en dicha posición, se mira de frente o de lado, mostrando nuestro mejor perfil, se puede sonreír o no pero siempre teniendo en cuenta que la cámara va a captar perfectamente nuestro estado de ánimo porque la fotografía no solo refleja la cara sino también el alma.

Andar es un arte, antiguamente se le daba muchísima importancia porque era considerado un signo de distinción. Hay un dicho que dice "tiene andares de Reina" y de ello se deduce que la clave está en andar con el cuerpo recto y hacerlo despacio, de forma armoniosa y sin ninguna estridencia.

Actuar con lentitud es lo mejor para la estética y para la salud porque conseguiremos vivir más relajados, ya que al ralentizar nuestros movimientos también lo hacen nuestros pensamientos. Hay un movimiento que defiende la forma de vivir despacio llamado "slow" que tiene bastante éxito pues expone un estilo de vida más reposado para poder saborear las pequeñas cosas de la vida en vez del ritmo frenético que nos impone el mundo moderno. Intentémoslo y observemos nuestras reacciones y la de los otros, así nos daremos cuenta de los beneficios que obtendremos si vivimos de forma más consciente el verdadero ritmo de nuestra naturaleza humana.

SEGUNDA PARTE
RENOVACION INTERIOR

- EL CUERPO "MENS SANA IN CORPORE SANO"

Lo primero que tenemos que cuidar es nuestro cuerpo ya que éste afecta a la mente y al conjunto de toda nuestra vida, algo tan obvio se olvida muy a menudo y nos perjudicamos con malos hábitos (tabaco, alcohol, comida basura…) no nos damos cuenta de lo mucho que nos jugamos con ello ya que si queremos rendir al 100% en la vida debemos nutrir nuestro cuerpo con buena materia prima (alimentos de calidad) y nuestra mente con energía positiva, cultivando pensamientos constructivos y optimistas que nos hagan sentir bien, sólo así estaremos preparados para alcanzar lo que nos propongamos.

- ADQUIERE BUENOS HABITOS: HAZ DEPORTE Y COME BIEN

La clave para una vida saludable es adquirir buenos hábitos y para ello hace falta constancia y disciplina, al principio cuestan, pero pasado un tiempo (21 días según los estudios), éstos se incorporan a la rutina diaria y los acabamos haciendo de forma automática.

El problema más común es el sobrepeso debido al estilo de vida actual, que es muy sedentario. En la evolución vital del hombre sucede que en sus primeras etapas de vida quema mucha energía pero después este proceso se va ralentizando con la edad y toda la grasa no consumida se acumula en nuestro cuerpo provocando aumento de peso y consecuencias negativas en la salud.

Hay miles de dietas y se han inventado todo tipo de cosas para perder de peso, pero hay dos aspectos fundamentales a tener en cuenta:

1- Cada persona tiene unas circunstancias diferentes: edad, morfología corporal, peso de los huesos, sexo…por lo cual es necesario un estudio adecuado y realista antes de intentar adelgazar ya que de lo contrario pueden ocasionarse problemas de salud que pueden llegar a ser graves.

Lo prohibido atrae y con la comida ocurre igual, por ello perder peso es difícil y frustrante, por lo cual deberíamos empezar variando nuestros hábitos alimenticios introduciendo algunos aspectos:

Intentar comer pequeñas cantidades repartidas en cinco comidas al día, tres principales y dos tentempiés.

Variar bastante los alimentos para no cansar al organismo, procurando que abunden frutas y verduras y evitando comidas calóricas que, en caso de tomarse, sean siempre la excepción nunca la regla.

Beber mucha agua es recomendable en todo momento.

- No abusar del aceite, lo cual es muy frecuente, ya que supone un extra de grasa que se traduce en aumento de peso, por eso hay que intentar restringirlo al máximo.

- Se engorda porque se come más de lo que se quema, por ello es fundamental el ejercicio físico, cada cual el que sea más acorde a su edad y gusto. Las ventajas que tiene el deporte son inmensas ya que es nuestro mejor aliado para sentirnos bien interiormente, controlar el peso y mantenernos en forma.

Hay una gran variedad de deportes, el más intenso y con un efecto quema grasas más rápido es correr, otros como el tenis, baloncesto, jockey… también son muy efectivos, intentemos probar varios para poder elegir uno, si se hace en compañía es un potente aliciente para perseverar pues la clave para ver resultados es que se haga con asiduidad.

Para las personas que no les gusta ninguno siempre pueden recurrir a andar que es una práctica muy beneficiosa, de hecho se recomienda que anden una hora diaria a muchos enfermos y personas mayores por su efecto positivo en el corazón y el resto del organismo.

En las personas mayores es donde más se nota la diferencia entre los que han hecho ejercicio físico y los que no. Los primeros tiene mayor movilidad, menos problemas con las articulaciones y su aspecto y ánimo son mejores porque tienen menos achaques y el tono vital más alto. Los segundos envejecen de forma prematura y acaban con andadores o sillas de ruedas por problemas locomotores.

La conclusión de este apartado es que la comida y el ejercicio son determinantes en nuestra forma de vivir por ello hay que asumir la influencia que tienen sobre nuestra salud, adoptar buenos hábitos nos va a proporcionar una mayor calidad de vida, ahora y en el futuro.

DETECTA TUS IDEAS NEGATIVAS Y TRANSFORMALAS

Para cambiar lo negativo que almacenamos en nuestra mente y sacar todo el potencial que tenemos lo primero que debemos hacer es repasar nuestra vida y ver qué heridas nos obstaculizan, bloquean y paralizan a la hora de conseguir nuestros objetivos.

Todos hemos tenido experiencias dolorosas y lo normal es superarlas, el problema es cuando se "enquistan" provocando un malestar recurrente en nuestra vida diaria de forma que nos condicionan con miedos e inseguridades.

Si queremos avanzar como seres humanos y sobre todo controlar nuestra propia vida debemos superar el pasado, aprender sus lecciones y formar nuestra personalidad de forma que nos sintamos cómodos, tranquilos y capaces de conseguir lo que de verdad queremos.

Vamos a repasar nuestra historia para detectar el mal que nos afecta en la actualidad y para ello es necesario intentar recordar todas las experiencias vitales.

INFLUENCIAS EN LAS DIFERENTES ETAPAS DE LA VIDA

Al analizar nuestra vida, hay que reconocer lo que no nos gusta de ella, reflexionar, aprender y transformarnos, en este caso nos ayudará muchísimo la escritura. Es importante dedicar un tiempo a repasar mentalmente la vida y escribir lo que nos hace daño y nos condiciona, conviene que sea en un entorno tranquilo, de forma asidua y con cierto orden, estando lo más relajado posible. Ej: una persona miedosa debe analizar en qué época de su vida empezó a sentir miedo y por qué, qué situaciones le provocan miedo en la actualidad, cómo lucha contra esa sensación…

Repasemos las etapas de nuestra vida con realismo y con la objetividad que da el tiempo para poder ver como fueron verdaderamente las cosas y así sanar las heridas y avanzar con seguridad hacia el futuro.

LA INFANCIA

¿Quién ha querido tener una infancia idílica? Todos. ¿Quién ha disfrutado de tanta perfección? Muy pocos. Desde una edad muy temprana el ser humano, que nace con una capacidad infinita de recibir amor, sufre cuando no lo recibe como él quiere, como es imposible satisfacer todas sus demandas de cariño y atención el sufrimiento humano está garantizado desde la cuna.

Es normal que en los distintos entornos, sobre todo al convivir, haya altibajos emocionales, propios o de los otros, porque nuestras necesidades a menudo chocan con las de los demás, por ello es muy importante aprender lo antes posible a controlarnos, ser educados con todos y procurar estar bien con nosotros mismos porque no podemos cambiar las reacciones ajenas pero si las nuestras.

¿Quién es más feliz? El que desarrolla más virtudes y las pone en práctica.

La familia es la primera que debe ayudar a desarrollar las mejores cualidades del niño porque es la clave de su futura felicidad, ya que ellas pueden ser innatas o no pero hay que trabajarlas si queremos que en el futuro sean hombres y mujeres que merezcan la pena, hay que animarlos y recompensarlos cuando hacen algo bien y reprenderles cuando se comportan mal con argumentos sólidos para que aprendan a distinguir conductas lo antes posible.

¿Hemos dedicado tiempo en nuestra vida adulta a reflexionar sobre nuestra infancia? La respuesta mayoritaria es no, pero la clave está en ella, cuando empezamos a experimentar las primeras sensaciones y nuestro cerebro es un libro en blanco por escribir, los episodios oscuros que quedaron grabados en la mente y guardados en el subconsciente son los que nos pueden condicionar en el futuro.

Es una época donde somos muy receptivos, sobre todo al afecto, y esto es lo que va a condicionar nuestra felicidad y bienestar, por ello al recibir burlas, sufrir desengaños, sentir soledad y tristeza, desgraciadamente normales en nuestro recorrido vital, si estos no se superan se pueden desarrollar en el niño actitudes anormales como dejar de reír, jugar, llorar en exceso, expresarse con pesimismo, pensar que no son queridos…ahí es donde deben saltar las alarmas porque se está alterando su desarrollo normal y ha asimilado una serie de ideas negativas (no me quieren, soy un desastre, todo lo hago mal…) sobre sí mismo que le pueden condicionar toda la vida si no se reconocen y tratan a tiempo.

ADOLESCENCIA

Es la etapa de los cambios, las crisis y las euforias. Nos despegamos de la familia y buscamos nuestra propia identidad, a menudo adoptando la de otros por la falta de madurez (amigos, cantantes de moda…) el adolescente es muy receptivo a los estímulos externos y por ello es tan influenciable. En su ética y estética siempre busca la aprobación del grupo.

En esta época se ponen los cimientos de la futura personalidad y es posible que las ideas negativas ancladas en la infancia perduren e incluso aumenten ya que es un periodo en el que todo se tiende a magnificar. Con los cambios hormonales y existenciales se pueden llegar a desarrollar episodios bipolares en los adolescentes (depresión/euforia).

Revisemos nuestras propias vivencias, qué emociones, carencias, heridas, anhelos, proyectos y realidades teníamos en aquella época. También qué hubiésemos necesitado para vivir mejor una etapa tan compleja.

Hay que animar a los adolescentes a:

Expresar sus emociones y comunicarse con el resto de su familia (resulta muy eficaz reunirse a la hora de comer, procurando hacerlo todos juntos, es un momento mágico para educar, dialogar y convivir).

Si no es posible que se comuniquen de forma directa si lo pueden hacer indirectamente al hablar de otros temas (sociales, culturales, políticos, religiosos…), pidiéndoles su opinión, que se cuestionen sus ideas, que debatan temas de actualidad y tomen conciencia de ser individuos que pertenecen a la sociedad en la que tienen mucho que aportar.

Reflexionar sobre sus vidas, por ejemplo escribiendo un diario donde reflejen todas sus impresiones ya que la escritura es un buen canal para el análisis y el conocimiento.

Ampliar sus experiencias viajando lo más posible, aprenderán mucho sobre sí mismos y los demás. Además serán más independientes, seguros de si mismos y resolutivos.

Buscar un trabajo o un voluntariado ya que así amplían sus responsabilidades y colaboran con otros para conseguir unos objetivos.

Adquirir unos hábitos sanos y razonables. Ej: limpieza, orden, horarios fijos, rutinas, deportes, estudio, lectura…

Ser muy selectivos con sus compañías, ya que su influencia puede condicionar mucho su vida.

Deben buscar amigos sinceros, generosos y que les quieran, pensando si son los adecuados para ellos según su carácter, ideales y proyecto de vida, es mejor cortar una amistad tóxica a tiempo que arrastrarla durante años por debilidad ya que su efecto puede ser nefasto en el futuro.

Buscar ideales buenos, nobles y bellos.

Estudiar su imagen externa, definir su estilo y expresar sus emociones a través de la ropa para que se sientan cómodos y seguros de sí mismos con su imagen.

Hacerles ver que es muy importante ir siempre aseado, cuidado y elegante.

Hay mucha energía, creatividad e ilusión en la adolescencia pero también inmadurez, vulnerabilidad e imprudencia. Aquí empieza la batalla entre el bien y el mal en su vida porque por primera vez van a tomar sus propias decisiones, por ello los padres, educadores y personas del entorno tienen que estar muy alerta con el adolescente, no tanto con consejos y sermones como con el ejemplo porque estos buscan referentes para imitar y hay que ofrecerles la mejor versión de sí mismos.

La apariencia externa juega un papel muy importante para que el adolescente se sienta seguro, de hecho encontrar una forma de vestir con la que se identifique, un peinado que le guste y un estilo que provoque admiración entre sus amigos les afecta muchísimo en su estado de ánimo. Por el contrario, si su aspecto no le gusta y provoca burlas, esto supone una verdadera tragedia en su mente inmadura e implica abrirle la puerta de entrada a complejos, inseguridades y traumas que le pueden acompañar y perjudicar largo tiempo, y si no los superan, toda la vida.

MADUREZ

El tiempo ha pasado y somos el resultado de lo bueno y malo que hemos vivido, vemos el pasado con la objetividad y serenidad que nos da la perspectiva del tiempo.

Tenemos nuevas influencias en esta época que vienen del entorno de trabajo y de nuestras parejas, ambas son muy intensas.

En el trabajo, sobre todo si es competitivo, estamos permanentemente expuestos al escrutinio ajeno, lo cual nos presiona enormemente. Nos sentimos observados, juzgados, alabados o criticados.

Pero son las relaciones de pareja las que más nos influyen debido a la proximidad, el afecto y la implicación emocional que suponen.

En ambos casos una buena autoestima es fundamental pues de otro modo quedamos a merced de la opinión ajena, lo cual es muy penoso cuando alcanzamos cierta edad.

Por ello reflexionemos detenidamente nuestra vida y pongámonos a trabajar para cambiar lo negativo y transformarlo.

El cambio a mejor siempre es posible si ponemos todos nuestro empeño, nunca es tarde para nadie, muchos buscan excusas para la inacción pero está demostrado que cuando las circunstancias lo exigen las personas reaccionan, así que no hace falta pasar por situaciones extremas para superarnos en el plano físico, afectivo o intelectual. Todos debemos sacar la mejor versión de nosotros mismos por un motivo tan simple como importante: SER FELIZ.

REFORMA TU CARÁCTER: NEUTRALIZA LAS HERIDAS DEL PASADO Y POTENCIA TUS MEJORES CUALIDADES

Para tratar de superar los traumas es necesario tomarse su tiempo, escribir sobre aquella época, respetando la cronología, resaltando lo bueno y malo que hubo en ella con el máximo realismo posible y hacer un balance de cómo aquello nos afecta en nuestra vida actual. Descubriremos personas y situaciones que nos hicieron daño en el pasado y que apenas recordábamos pero que nos marcaron negativamente. Hay que recuperar dichos recuerdos para trabajar con ellos de la siguiente forma:

1- Tratamos de relajarnos al máximo, respirando pausadamente, en un lugar tranquilo, con silencio absoluto (hay muchos ejercicios guiados para conseguirlo si no podemos hacerlo solos).

2- Con la mente relajada intentamos recordar lo que nos hizo daño, de forma muy precisa, recordando todos sus matices y analizando el sentimiento negativo que aún pervive en nosotros.

3- Ahora hagamos un ejercicio mental utilizando la imaginación y la visualización, revivimos de nuevo aquel suceso pero esta vez somos nosotros los que dirigimos la escena, como si fuéramos un director de cine que cambia el guión cuando quiere, nos explicamos a nosotros mismos qué pasó, cómo y por qué, cuál fue nuestro error y el de los demás, qué deberíamos hacer si volviésemos a vivir una situación así y sobre todo cómo debemos recordarlo y asimilarlo ahora. El recuerdo debe quedar redefinido de forma favorable para nosotros, eso si, asumiendo nuestros errores y responsabilidad tanto como la de los demás y tratando de comprender y perdonar al otro, solo así se consigue la paz. No hay que pensar que tenemos grandes enemigos que solo piensan en molestarnos y hacernos daño porque no somos tan importantes, lo normal es que algunas personas nos hieran porque a su vez están heridos con sus propios complejos, traumas e inseguridades y por reacción provocan un dolor que es un reflejo del suyo propio.

Si hacemos este proceso bien sacaremos lo mejor de nosotros mismos, la parte más amable, fuerte y creativa que tenemos para pasar de ser víctima a juez, de perdedor a ganador, de culpable a inocente...Los peores momentos de nuestra vida no enseñan las lecciones más importantes sobre nosotros mismos y los demás. Un mal negocio, la traición de un amigo, el desamor, la humillación…aunque duelan son necesarios para avanzar y descubrir quienes somos y lo que queremos.

Todos tenemos un enorme potencial por descubrir, utilicemos nuestra imaginación para cambiar lo que no nos gusta y por encima de todo controlemos nuestros pensamientos para vivir como queremos y no como podemos.

No podemos cambiar lo que ha ocurrido pero si la forma de recordarlo, nos ahorraremos el duelo para pasar a la acción. Todas las grandes personas han tenido altibajos pero la diferencia la marca su actitud, en vez de hundirse buscan soluciones y salen adelante, han luchado tanto por conseguir lo que tienen que no se les ocurre tirar la toalla y abandonar cuando encuentran baches en el camino, es una cuestión de seguridad en uno mismo y en sus posibilidades. El que tiene el coraje de emprender algo, aunque haya dificultades, sigue luchando hasta conseguirlo porque posee es una fuerza interior más poderosa que las circunstancias exteriores. Esta es la actitud que tenemos que conseguir.

Vivimos la vida a una velocidad de vértigo y hemos perdido la virtud de la reflexión, si nos parásemos todos los días a pensar en nuestra vida y sus circunstancias cometeríamos menos errores y seríamos más felices.

EJERCICIOS DE FORTALECIMIENTO MENTAL

Trabajando nuestro interior podemos reconstruir nuestra historia pero es normal que se presenten situaciones que nos recuerden el pasado y las heridas que creíamos cerradas vuelvan a abrirse de nuevo generando miedos, inseguridades, soledad…que nos duelen y hacen daño. Por ello es importante hacer ejercicios de fortalecimiento mental, es bueno incorporar a nuestra rutina diaria frases positivas sobre nosotros mismos, copiadas o inventadas. Esto es un hábito muy común entre personas sometidas a mucha presión como los deportistas, soldados, actores…donde uno está solo ante las dificultades y necesita un estímulo para seguir luchando.

Hay muchos ejemplos:

El que resiste gana.
Piensa en la derrota y serás derrotado, piensa en el éxito y lo alcanzarás.
Cree siempre en ti mismo.
Por encima de todo estás tú.
Soy el amo de mi destino; soy el capitán de mi alma.
Ser feliz consiste en vivir y obrar bien.
El Señor es mi Pastor, nada me falta.
No es el tamaño del perro en la pelea, sino el tamaño de la pelea con el perro.
Puedo porque creo que puedo.
Soy único e irrepetible.
Los demás tienen poder sobre mi cuando yo se lo otorgo.
La muerte no es el final.
Cada uno tiene la llave de su propia felicidad.
Toda desgracia encierra una lección.
Muchos no creen en nada pero tienen miedo de todo.

Cada uno debe elegir la que más le motive para utilizarla en los momentos que necesite animarse para seguir adelante, resultan una herramienta muy eficaz para luchar contra las ideas negativas que nos asaltan a lo largo del día.

FORMACION DE OBJETIVOS, DESARROLLO Y CONSECUCION DE LOS MISMOS

Si queremos aprovechar el tiempo y tener más entusiasmo en la vida es muy importante tener sueños, objetivos, metas, retos…en resumen tener un proyecto vital. Quien no sabe lo que quiere no suele hacer nada y luego se lamenta de su inactividad porque ve que otros hacen cosas y ellos no, lo cual les produce tristeza, complejo y a menudo depresión.

Es muy común oír a personas quejarse de que su vida no tiene alicientes y que se aburren soberanamente. La falta de interés por las cosas suele llevar aparejada la soledad ya que todo el mundo quiere conocer gente interesante y divertida y huye de los que no tienen nada que contar a parte de sus penas, por ello es necesario hacer un esfuerzo, buscar algún tema que nos interese y lanzarse a hacer algo.

Hay que proponerse un objetivo, informarse bien y perseverar, ya sean negocios, estudios o cualquier otra cosa que emprendamos hay que tener paciencia y dedicarle el tiempo necesario hasta conseguirla. Es muy importante terminar lo que se empieza, porque hacerlo nos aporta mucha seguridad en nosotros mismos y nos hace sentir bien, por ello hay que analizar todos los pros y los contras de nuestro proyecto y una vez que nos decidimos intentar llevarlo a cabo por todos los medios porque en todo ese proceso estaremos aprendiendo.

Nunca hay que desanimarse por el fracaso ya que encierra una enseñanza que nos va a servir para el éxito futuro. No hay mayor satisfacción en la vida que conseguir lo que uno se propone, salvando obstáculos, opiniones derrotistas y miedo de no llegar a la meta. La vida se pone realmente interesante cuando confiamos en nuestras posibilidades ya que la alegría del triunfo y la satisfacción que sentiremos superará con creces todas nuestras expectativas.

Hay una gran oferta de actividades sobre los temas más diversos donde nos podemos relacionar con otras personas con intereses comunes a los nuestros y así llenar nuestro tiempo con algo que nos haga disfrutar.

En todas las etapas de la vida hay que procurar estar entusiasmados y entretenidos con algo. En los niños hay que fomentar que tengan aficiones e intereses diversos, así les será más fácil tener una vida rica y plena en el futuro. En los jóvenes es vital que estén siempre haciendo algo, es una época ideal para aprender. Los padres deben animar a sus hijos a que desarrollen sus talentos, puede ser en la cocina, la artesanía, fotografía, escritura…las posibilidades son inmensas, porque así ponen los cimientos de una personalidad sana y emprendedora que generará adultos satisfechos.

En la madurez, especialmente en la ancianidad, la persona que se interesa por todo, tiene aficiones y disfruta su tiempo de ocio vive en plenitud, de lo contrario las enfermedades y la soledad pueden ser devastadoras. Nunca es tarde para interesarnos por algo, hay que intentarlo porque nos podemos sorprender muy positivamente.

El que nunca hace nada, nada consigue, nada vive y esa nada lo invade todo. Eso no es vivir, es sobrevivir. Vivamos intensamente porque el tiempo vuela y cuando nos damos cuenta nuestro tren ya ha pasado.

ACTITUD ANTE EL FRACASO: PERSEVERANCIA

Es muy común tener una actitud muy negativa ante el fracaso, pero hay que aprender que la vida está llena de altibajos y la actitud más positiva y madura es aceptarlo y tratar de no desanimarse ante los problemas.

La historia demuestra que los grandes triunfadores han sufrido importantes fracasos, pero estos fueron vitales para conseguir sus objetivos. Nadie nace sabiendo y en la vida se evoluciona con el ensayo-error por lo que la clave del éxito siempre estará en la perseverancia.

El que siembra recoge, hay ejemplos impresionantes como el de Thomas Edison que hizo 10.000 experimentos antes de inventar la bombilla. Cuando le preguntaban por qué no se desanimó contestaba que no le importaba porque tras cada intento fallido descubría una forma no válida para crearla.

EL PODER DE LA COMUNICACIÓN: MEJORA TU EXPRESION ORAL Y ESCRITA

¿Nunca os ha pasado que conocéis a alguien interesante y al oírlo hablar la decepción ha sido suprema? Seguro que sí.

Expresarse bien es fundamental y muchas veces no se le da la importancia que tiene. La comunicación es vital en los seres humanos porque es necesaria para obtener la información adecuada que nos ayuda a convivir, cuando ésta es deficiente los conflictos se acumulan porque no se explica bien el fondo de cada cuestión dando lugar a interpretaciones erróneas.

La incapacidad para expresarse correctamente puede afectar a nuestras relaciones familiares, sociales o profesionales, porque se producen equívocos, falsas impresiones y dificultades que conllevan no solo disgustos y aislamiento, también dolorosas rupturas. Cuando la comunicación es fluida los problemas se resuelven antes de que se vuelvan insalvables ya que se tiene verdadero conocimiento de las situaciones y sentimientos ajenos.

En civilizaciones avanzadas, como la griega y romana, la oratoria era la cualidad más valorada y todos los jóvenes que podían la estudiaban porque sabían que influiría mucho en su futuro. Deberíamos recordarlo y ponerlo en práctica.

.Uno puede tener un mundo interior muy interesante pero si no sabe expresarlo los demás no podrán apreciarlo y tampoco tendrán una percepción definida de su personalidad, por lo cual habrá mucho desconocimiento sobre su persona y la consecuencia será la soledad.

¿Cómo aprender a comunicarse bien? Hablando y escuchando de forma consciente y constante, intentando resumir en nuestra mente las ideas más importantes de lo que oímos, vemos o leemos para después saber exponerlas. Así progresivamente aprenderemos a eliminar lo superfluo e inútil de cualquier conversación y expresar lo esencial con lo cual seremos concretos, precisos y certeros en nuestras opiniones.

Hay que intentar evitar palabras malsonantes al hablar, lo cual es muy común, sobre todo en los jóvenes, porque quien recurre asiduamente a ellas lo que demuestra es su falta de cultura y sobre todo de educación.

Leer buena literatura es la mejor ayuda para desarrollar una buena expresión oral y escrita porque aprendemos vocabulario y distintas formas de expresión, apreciamos el lenguaje, estimulamos la imaginación y sobre todo se adquiere muchísima información sobre la naturaleza humana porque los escritores son grandes observadores de la vida y sus libros están basados en experiencias, investigaciones, viajes…donde nos transmiten sus vivencias e impresiones, lo cual nos da acceso a su gran riqueza vital.

También es importante escribir regularmente, lo que sea, porque al poner por escrito algún suceso nos damos cuenta que es necesario hacer una breve introducción para entender el contexto, luego desarrollar los hechos y terminar con un final, estos pasos se tienden a obviar en la parte oral y el resultado es que cuando alguien cuenta una historia sin explicar bien el principio, desarrollo y fin, el oyente se pierde y no se entera de nada.

Hay que tomarse muy en serio la capacidad de comunicarse, debemos hablar a menudo con la familia y los amigos para cuidar las relaciones, también con los que conocemos menos porque aprenderemos cosas nuevas.

Se está perdiendo el arte de conversar porque se emplea más tiempo viendo televisión o utilizando nuevas tecnologías, lo cual es positivo pero en su justa medida, debemos encontrar un equilibrio en la forma de ocupar nuestro horario para que haya un espacio para el aprendizaje y otro también para la diversión pero teniendo siempre presente que el que esté más preparado tendrá más probabilidades de triunfar.

- LENGUAJE CORPORAL:

Si lo que hablamos no va acompañado de una fisiología corporal acorde, es decir, decimos cosas animadas pero nuestra postura es de hombros caídos, espalda doblada, cara de circunstancias y un halo de derrotismo general, el interlocutor que tenemos enfrente no se creerá la historia fantástica que le estemos contando porque nuestro propio cuerpo la desmiente pues la verdad, antes o después, siempre sale a la luz.

No se trata de contar una situación que no nos gusta a todo el mundo, primero porque lo más probable es que sea temporal y luego porque es poco inteligente contar las miserias a personas que luego pueden perjudicarnos. La cruda realidad se cuenta sólo a los leales, sean familia o no, pero con una discreción probada por los años y las circunstancias. Nunca se deben inventar historias fantasiosas sobre situaciones que antes o después se van a saber. Lo mejor es tener dignidad y contar lo menos posible. Si te encuentras con alguien incisivo (que no te suelta hasta que consigue su trozo de carne), le dices con educación que hay temas que nos quieres tocar y te despides lo antes posible o bien le dices el socorrido: ¿Por qué lo preguntas? Y así queda clarísimo que es un chismoso irredento.

En el caso de tener el ánimo por el suelo si queremos hacer un esfuerzo por levantarlo, ayuda mucho la postura corporal y facial. El solo hecho de caminar derecho, alzar la mirada e intentar sonreír es el comienzo de una nueva visión de los hechos, si además compartimos nuestro dolor con los seres queridos y elaboramos una estrategia realista para salir poco a poco de nuestra oscuridad interior es seguro que nos vamos a reponer y volveremos a combatir en la lucha diaria, más sabios y fuertes.

El cuerpo influye en la mente y viceversa, cuando uno falla suele arrastrar al otro, por ello cuidemos de los dos y ellos cuidarán de nosotros.

- PODER DE LA SONRISA

Está científicamente comprobado que una persona triste si sonríe, aunque sea de manera forzada, se encuentra mejor que si no lo hiciera.

Existe la llamada terapia de la risa donde los pacientes con problemas de diversa índole, física o psíquica, al convivir en un taller donde se trabaja con el humor, se contagian del ambiente festivo y al menos durante ese tiempo olvidan sus penas y son capaces de reírse de sí mismos y sus circunstancias.

Hagan la prueba, en un mal momento en vez de alterarse hay que intentar sonreír (es un ejercicio difícil pero no imposible), merece la pena comprobar el efecto desdramatizante que tiene una sonrisa ante la adversidad.

- SALUDO Y DESPEDIDA

Hay una serie de gestos en la vida diaria que suelen ser espontáneos pero si los estudiamos más a fondo nos damos cuenta de su importancia. Es el caso de:

El saludo: Si al encontrarnos con una persona le ofrecemos nuestra mejor sonrisa, mostramos sincera alegría y entusiasmo al verla, le decimos algo agradable sobre su apariencia o circunstancias, le preguntamos por su vida y su familia (sin ningún ánimo de cotillear, lo que demostraría mala intención y causa la peor de las impresiones) y terminamos el encuentro deseándole que le vaya muy bien. Es seguro que dicha persona se pondrá contenta sólo con oír nuestro nombre.

Si por el contrario todo son caras serías, ironías, penas, lamentos y preguntas impertinentes, todos intentarán esquivaros.

La cuestión es hacernos la siguiente pregunta ¿Cómo queremos que los demás nos recuerden? Como alguien agradable o como un dolor de muelas, la elección es nuestra pero obviamente lo inteligente es lo primero porque aunque no nos caiga bien quien tenemos en frente hay formas educadas y dignas de aclarar nuestras diferencias o al menos suavizarlas, además quien sabe, la vida da muchas vueltas y a la persona que hemos despreciado, por un azar del destino, podemos necesitarla en el futuro. Ser educados y diplomáticos es una forma segura de construir relaciones, lo contrario es destructivo y no beneficia a nadie.

-La despedida: es parecido a lo anterior. Después de una cita, una invitación o una reunión, despedirse correctamente es fundamental (tanto que si no lo haces bien pueden no llamarte la próxima vez). Hay que agradecer cuando te han ofrecido algo, tratar de corresponder y sobre todo que tu cara exprese que lo ha pasado bien, que todo estaba exquisito y que es una alegría que cuenten contigo. Todos estos detalles marcan la diferencia, demuestran que tenemos educación y sobre todo que somos agradecidos.

- EL ARTE DE RECIBIR

Sobre este tema hay muchísima información en libros de protocolo, por ello solo vamos a señalar dos matices.

El primero es que cuando alguien viene a tu casa, por supuesto previamente invitado, tienes que hacer todo lo posible para que se sienta cómodo, no hay nada peor que llegar a un sitio y tener la sensación de que somos inoportunos o estamos fuera de lugar.

El segundo es que tus invitados tienen que ser el centro del mundo cuando estén contigo, atiéndeles, habla con ellos de temas que les puedan interesar, ofréceles bebidas y aperitivos y ocúpate de que se sientan bien, se lo debes, ser un buen anfitrión significa que eres atento, generoso y asertivo, de lo contrario abstente de invitar a alguien porque el efecto será tan negativo que asociarán siempre tu persona a una lamentable invitación, lo cual no sería justo pero así ocurre, sobre todo si no te conocen lo suficiente.

2- LOS AMIGOS, UNA INFLUENCIA CLAVE

Quien tiene un amigo tiene un tesoro, esta es una gran verdad, pero éste tiene que poseer unas características muy específicas para que sea un regalo de verdad y no uno envenenado. Un mal amigo te puede amargar la vida y sobre todo hacerte un daño irreparable, por eso es tan importante seleccionarlos con sumo cuidado.

Los clásicos decían que el verdadero amigo es tu compañero en las alegrías y tu hermano en las penas, también que un gran hombre es el que tiene grandes amigos.

Lo que no suele fallar es que la persona que no tiene un solo amigo en el mundo (la familia es aparte) tiene un problema grave de egoísmo, puede que sea una actitud inconsciente por inseguridad o miedo al rechazo lo que le impide abrirse a otro ser humano sin otro vínculo común que una conexión espiritual y mental. Esto es triste y hay que revisarlo.

Todo el mundo se debería preguntar si tiene buenos amigos y si hace lo suficiente por ellos. ¿A quién le contarías una actitud tuya vergonzosa? ¿A quién le pedirías dinero si te hace falta? ¿A quién acudirías si ten enteras de que has sufrido una infidelidad? La mayoría a la familia, pero si no la tienes o no puedes contar con ella es maravilloso tener algún amigo que se involucre de verdad en tu vida y a quien puedas acudir, si son más ¡enhorabuena! eres un privilegiado, porque ahora recoges lo que antes sembraste.

Poder hablar con alguien absolutamente de todo, con la confianza de que nunca nos va a traicionar, compartir lo que tenemos con quien queremos, divertirnos y poder pedir que nos ayuden y consuelen cuando nos hace falta, es la sensación más hermosa del mundo porque refleja lo mejor del ser humano.

Enamorarse también es maravilloso pero se centra en sólo dos personas y sus intereses, es un vínculo más cerrado, sin embargo la amistad está abierta a otros y se basa en la generosidad, nunca debe buscar el interés porque en ese caso ya estaría adulterada y no sería tal.

No todos están capacitados para tener amigos porque se necesitan unas cualidades que no todo el mundo posee. Hay personas muy desconfiadas que son incapaces de abrirse a alguien, están inseguras de su presente o pasado y se refugian en una fachada de éxito y prosperidad ficticias, con cierta edad todo el mundo sabe que la vida tiene sus luces y sus sombras. Otras buscan a quienes les ayuden a conseguir sus objetivos, no les interesa tanto el otro como lo que les pueda aportar, no hay verdadera amistad, es una mera utilización y se confirma cuando al obtener lo que uno desea se olvida rápidamente del que le ayudó a hacerlo posible.

Todo el mundo dice que tiene amigos, no conozco a nadie que diga que no tiene ni uno, pero hay que distinguir un amigo de un conocido, de los segundos puede haber muchos pero de los primeros necesariamente tienen que ser pocos porque hace falta tiempo, dedicación y trabajo para que la amistad se consolide y perdure en el tiempo con vigor, el buen amigo es como el vino que mejora con los años.

Por el contrario un mal amigo puede hacernos tanto daño que en algunos casos puede arruinarnos la vida, por ello hay que ser muy cuidadoso a la hora de elegirlos porque su influencia es enorme; les confiamos nuestra intimidad, compartimos con ellos muchas experiencias, seguimos sus consejos y nos influencian su personalidad y opiniones.

¿Cómo se distingue el buen amigo del que no lo es?

El buen amigo es muy fácil reconocerlo porque en todas las circunstancias te hace sentir bien, te da paz, no hay conflictos, sus consejos te ayudan, en resumen eres mejor persona cuando estás con él, saca lo mejor de ti. El malo también se reconoce porque te proporciona todo lo contrario que el bueno. Se necesita edad y experiencia para identificarlos pronto.

Cuando conoces a alguien y te atrae su personalidad para una amistad primero debes analizar su comportamiento con los demás, pues será el mismo contigo, y en la relación que tengas fíjate en los hechos y no en las palabras, cuantos desengaños se producen por personas encantadoras en su trato y que al necesitarlas miran para otro lado.

El mal amigo no te deja en paz, te puedes divertir muchísimo, hacer planes que de otro modo no harías, cometer excesos de los que después te arrepientes; beber, criticar, gastar, hacer bromas pesadas, perder el tiempo… son algunas de las consecuencias de una amistad poco recomendable. Son cómplices, no amigos.

Pero no siempre está tan claro quien nos conviene y quien no, así que vamos a nombrar una serie de perfiles de amigos tóxicos que debemos evitar. Por ejemplo:

LOS CRITICONES: Si alguien habla mal de los demás en cuanto te des la vuelta hablará mal de ti. Es una regla matemática.

La crítica destructiva nunca trae nada bueno ni al que la hace ni al que la escucha, es propia de personas débiles, acomplejadas y aburridas ya que al no tener vida propia se ocupan de la de otros con el objeto de machacarles y hacerles daño. Cuando alguien critique a otro delante tuyo la postura más digna es defender al criticado si lo conoces y si no guardar silencio.

La crítica constructiva la hacen personas que te quieren, con un objetivo positivo porque tú sabes que es por tu bien, esta es provechosa y necesaria, lo mismo que la autocrítica, debemos asumir nuestras limitaciones y defectos porque solo así podemos combatirlos y crecer como personas.

Lo mejor es evitar el trato con estas personas porque puedes acabar criticando tú también, es un vicio que entra muy rápido con el autoengaño de que sólo estás comentando y analizando personas y situaciones, cuando te des cuenta eres el más criticón de todos.

LOS GORRONES: Cuidado con ellos porque hay auténticos profesionales, son los que se meten en tu casa, se comen tu comida, hacen planes con tus amigos, tienes que invitarlos cuando sales porque nunca llevan dinero y se aprovechan de todo lo que le puedas ofrecer :coches, planes, veraneo…

Hay un principio fundamental que se llama "reciprocidad", lo correcto es que cuando te inviten correspondas en la medida de tus posibilidades, porque quien recibe y no da es un maleducado y un interesado que busca un amigo ingenuo y generoso a quien tomarle el pelo.

La primera que te "gorronean" se tolera, la segunda vez ya salta la alarma pero a la tercera vez hay que tomar medidas, se habla con sinceridad al gorrón y no se le pasa ni una más.

LOS MENTIROSOS: Son la especie más dañina y merece dedicarles especial atención por los perjuicios que provocan en los demás.

El mentiroso se suele formar en la infancia siguiendo el ejemplo recibido o desarrollando esa tendencia para conseguir siempre lo que quiere. En ambos casos es muy importante reconocer el problema a tiempo y corregirlo, pues si se deja pasar, la mentira se instala en la mente como un arma a la que recurrir para evitar responsabilidades, ocultar debilidades o atacar a los que le resultan desagradables, llegando incluso a introducirse de forma inconsciente en la vida diaria y provocando situaciones confusas, tensas y perjudiciales que se pueden evitar hablando clara y sinceramente.

Dentro del conjunto de mentirosos, que desgraciadamente es muy amplio, se dan varios tipos, unos inofensivos y otros peligrosos pero en distinto grado. Los hay que confunden fantasía con realidad, son los llamados "fantasmas", suelen provocar hilaridad e incluso compasión, otros dicen medias verdades o una verdad manipulada o exagerada creando duda, confusión y desagrado en sus oyentes con respecto a terceras personas y por último está el que miente de forma consciente con el objetivo de hacer daño a otro provocando conflictos, arruinando reputaciones y destrozando vidas.

Mentir siempre es peligroso porque hace ver una ficción que puede resultar creíble. La mayoría de las personas no comprueban los comentarios que oyen, los dan por válidos y no tienen la precaución de comprobarlos, además se tiende a creer a los amigos de forma natural hasta que un día descubres la falta de verdad, cosa que antes o después ocurre, pero el daño ya está hecho.

Hay mentirosos muy astutos que mienten con tal habilidad que es difícil averiguar lo que es verdad y lo que no, pero alguna vez se descubre una fisura en su argumento y luego otra y otra, hasta que te das cuenta, con horror, que casi todo lo que te han contado es mentira.

Puede tratarse de una patología ya que existe el mentiroso compulsivo que son aquellos que mienten de manera sistemática sobre cualquier cosa de manera inconsciente y no pueden parar de hacerlo. Estas personas deben pedir ayuda profesional y poner todos los medios posibles para curarse porque convivir con ellos es muy difícil ya que obligan a los demás a descubrir o interpretar lo que es verdad y lo que no cada vez que abren la boca.

El amigo mentiroso suele ser halagador, extrovertido y simpático, dispone siempre de público porque suele ir cargado de chismes con lo cual juega con la curiosidad y bajas pasiones de los otros. Se crea una camaradería basada en la conversación vana, en repasar vidas ajenas y en una diversión descontrolada, hasta que se produce el inevitable conflicto y se hieren unos a otros.

La mejor forma de estar seguro de la sinceridad de las personas es comprobar lo que nos dicen, parece difícil pero no lo es, basta con preguntar a alguien imparcial sobre el tema o bien verificar los hechos. Uno no debe creer cualquier cosa que le digan, primero hay que reflexionar sobre la psicología y el curriculum de quien lo dice, después tener espíritu crítico y analizar a las personas y situaciones de una forma objetiva, libre de prejuicios o sentimientos, así tendremos la versión más aproximada a la realidad. Esto no sólo es necesario para nuestras relaciones sociales, también para filtrar la información que recibimos de los medios de comunicación, que es mucha, para saber a qué atenernos.

Al amigo que nos miente hay que decírselo con serenidad, con pruebas, con comprensión, pero hacerle ver que ese nunca es el camino. Si se enfada es señal de que tiene un problema y si no cambia lo mejor es dejar esa amistad porque sabemos las mentiras que nos ha dicho a nosotros pero no las que dice de nosotros y ante una situación así es más seguro alejarse.

LOS IRONICOS: Si cuando dices o haces algo la respuesta es una ironía o una risa sardónica pide educadamente que te expliquen el motivo de tanta chanza y si sigue la guasa es mejor olvidarse de esas personas.

El que se ríe de todo y de todos suele ser alguien que no se atreve a hacer nada por su inseguridad pero que tampoco tolera que otro lo haga, por ello lo juzga e intenta transmitirle la sensación de que hace el ridículo ya que le molesta el éxito ajeno.

Es muy difícil que estas personas cambien a menos que superen sus miedos y triunfen en algo.

Hay que intentar razonar con ellos su punto de vista y el propio pero si no cambian es mejor quitarse de en medio.

LOS TIBIOS: Siempre están en la frontera de la verdadera amistad, nunca la cruzan porque no quieren, no pueden o no saben hacerlo. En el primer caso no tienen interés en tener amigos de una forma premeditada, no quieren profundizar en su relación con otras personas porque eso implica abrirse y que otros conozcan su realidad y eso no les gusta porque se sienten vulnerables, necesitan tener conocidos para hacer vida social pero los mantienen siempre a distancia. Los segundos tienen tal inseguridad que no se atreven a mostrarse como son, siempre ponen excusas cuando alguien intenta acercarse, no te presentan a su familia, no te enseñan su casa y todo lo relacionado con ellos es un puro misterio. Los terceros han crecido sin el ejemplo de tener amigos en su casa, por indiferencia, desconfianza o temor, por eso no saben comportarse y ser naturales en una relación de amistad, por eso antes de llegar ya se retiran.

Estas personas que están pero no están y se sitúan siempre al margen es imposible conocerlas bien porque no se muestran como son, antes o después te decepcionan porque como no se dan no pueden dar y a la primera dificultad que tengas desaparecen de tu vida.

LOS VAMPIROS: Son los que te exprimen la energía, la información, las emociones y los anhelos. Suelen ser personas muy intensas que te atrapan, te hacen interrogatorios interminables porque quieren saberlo todo de ti pero ellos en cambio no suelen contar nada. Te dejan agotados porque parece que absorben tu esencia como persona. Les gusta manejar las emociones ajenas porque son manipuladores natos, intentando quedar siempre por encima de los demás en inteligencia, posición y objetivos, por ello te roban la esperanza porque te hacen ver que tus sueños, proyectos o vivencias son muy poco importantes comparados con los suyos.

Si se da el caso de que alguien te deja literalmente agotado física y psíquicamente, procura tratarlo a pequeñas dosis y analiza el por qué del efecto que produce en ti y si te compensa tanto esfuerzo.

LOS VICIOSOS: Las personas que padecen adicciones de cualquier tipo (alcohol, juego, drogas, sexo…) no pueden ser buenos amigos porque están enfermos, de hecho pueden ser muy peligrosos porque necesitan cómplices para su adicción, son esclavos de sus vicios y no tienen la salud, la estabilidad y el equilibrio necesarios para gozar de una amistad sana y normal, así que hay que obligarlos a que se pongan en manos de profesionales que les puedan ayudar a superar sus problemas y esperar que se rehabiliten, nunca hay que seguir sus desviaciones porque podemos caer en lo que no queremos bajo su influencia, sobre todo si son personas carismáticas y les tenemos mucho cariño.

Se les debe ofrecer amistad solamente si se han curado y si tienen recaídas cortar contacto hasta que se repongan.

LOS ENVIDIOSOS: El envidioso lo pasa fatal porque le duele el éxito ajeno, no soporta que otro brille porque se ve en inferioridad de condiciones y su ego se siente herido. En vez de alegrarse con los demás sufre en soledad su frustración, no se da cuenta que se está autocastigando por algo que él no puede controlar porque el envidiado no suele darse cuenta del efecto negativo que provoca ya que desconoce esa tendencia de su supuesto amigo, que es un enemigo disfrazado, porque una persona sana se alegra de todo lo bueno que le pase a los demás y una acomplejada sufre por ello.

Todo vale para desprestigiar al que se envidia; mentiras, críticas, malos consejos…Hay que procurar alejarse del envidioso en cuanto se le identifica y esperar porque el tiempo todo lo pone en su sitio.

Cuando alguien reacciona de manera airada cuando otro tiene éxito, deben saltar las alarmas porque no es normal, se debe poner a prueba al amigo y descubrir sus facetas ocultas, así sabremos si merece la pena conservar su amistad o no.

LOS PROVOCADORES: Hay personas que disfrutan provocando la irritación, la angustia o cualquier otra emoción negativa en los demás. Suelen ser manipuladores que se creen intelectualmente superiores a los otros y se divierten manejándolos a su antojo. Su argumento es que actúan por el bien del otro, lo cual es todo lo contrario ya que producen malestar y hacen daño con sus constantes provocaciones y la consecuencia suele ser el hartazgo y la ruptura.

Un ejemplo de provocador es el que dice una impertinencia, que él jamás toleraría, y si el otro se enfada lo recrimina alegando siempre buenas intenciones y que se le paga con ira.

No hay más remedio que alejarse de ellos porque no cambian ya que les divierte este juego mental.

-AMIGOS QUE NO QUIEREN SERLO:

Este no es un perfil tóxico sino un grupo que merece todos los respetos, pero se les comprende con la edad y la experiencia. Todos queremos que nos hagan caso y nos quieran, mientras más joven más lo necesitas, pero todo niño, adolescente y adulto debe asumir (lo antes posible) que no podemos gustarle a todo el mundo, que los demás tienen todo el derecho a no querer nuestra compañía y que en la vida vamos a tener enemigos aunque no los busquemos. Es parte de la vida y mientras antes lo aceptemos menos sufriremos.

Cuanto dolor nos podríamos ahorrar si esta verdad nos la grabáramos a fuego en la mente y el corazón. En vez de rumiar por las esquinas nuestro rencor deberíamos reflexionar serenamente por qué alguien no quiere saber de nuestra existencia y asumir nuestra propia realidad. A veces los motivos son interiores como el carácter, ideas o forma de pensar. Otras son exteriores como la forma de vestir, de expresarnos o el entorno. Unas veces está en nuestras manos que nos lleguen a aceptar y otras no, eso es lo que debemos aprender a distinguir para evitar esfuerzos innecesarios que inevitablemente nos van a traer dolor.

No hay que llorar por ello, la vida está llena de personas que apreciarían nuestra amistad, hay que buscarlas y abrirse, nunca es tarde.

No se puede obligar, presionar o dar la lata a nadie para que sea tu amigo, lo que si es importante es esforzarse para tener virtudes que te hagan atractivo como compañía y así, al dejar libertad, sean los otros los que acudan a ti.

Los perfiles psicológicos "tóxicos" antes expuestos están descritos en grado extremo, todos tenemos bueno y malo porque dependemos de factores genéticos, culturales o ambientales que nos condicionan, hay personas que pueden tener muchos rasgos positivos pero uno o dos tan negativos que anulan los anteriores o viceversa.

Hay muchos tipos de amigos, por eso es tan importante ser selectivos, pero nunca debemos renunciar a la amistad, a pesar de los desengaños o traiciones, en toda edad, circunstancia y lugar, tengamos buenos amigos, busquémoslos, cuidémoslos, porque nos aportan otra visión de la vida, activan nuestro intelecto y nos enriquecen en todos los niveles. Es un noble sentimiento que dice mucho de nosotros como personas.

En la infancia la amistad es innata, en la juventud es muy fácil conectar con los demás porque se está descubriendo el mundo, es en la edad madura cuando nos parece difícil conseguir un amigo por los prejuicios adquiridos pero no debería ser así, hay muchos que se sienten solos y quieren compañía para salir, hablar o simplemente desahogarse. Seamos creativos y hagamos actividades que nos atraigan, conoceremos gente nueva y puede saltar la chispa de la amistad o incluso la del amor. En vez de lamentarse hay que buscar la compañía porque todo el mundo la necesita.

"La amistad siempre es provechosa" Séneca.

3-VIAJAR; ESCUELA DE VIDA

Viajar abre horizontes, amplía conocimientos y experiencias, pone a prueba nuestros recursos mentales y nos hace madurar más deprisa.

Es la mejor forma de renovarse por dentro y por fuera, adquirir nuevas ideas y elaborar proyectos (muchos negocios de éxito surgieron después de un viaje). También es una buena terapia para olvidar una realidad que nos disgusta ya que es un momento adecuado para elaborar nuevas estrategias que nos sirvan para conseguir vivir como en realidad queremos.

Si no te gusta moverte de tu entorno y se te hace un mundo viajar deberías hablar con personas que lo hacen a menudo, escucha sus aventuras, pregúntales por qué lo hacen y qué obtienen a cambio. Lo más seguro es que te contagien su entusiasmo e intentes moverte de tu zona de confort, te sorprenderás con cualidades o talentos que no creías que tuvieras porque no necesitabas utilizarlos en tu casa, barrio o trabajo.

Nuestra forma vida no está asegurada desde que nacemos hasta que morimos, nunca sabemos qué retos se nos van a presentar, lo que si es seguro es que el más preparado esté a todos los niveles; idiomas, creatividad, cultura, habilidades sociales… tendrá más herramientas para desenvolverse en cualquier sitio.

Es muy bueno tener sueños y conseguirlos mucho más, pero si no se sale nunca del mismo ambiente hasta la imaginación se resiente porque no recibe material con el que estimularse y al final se olvidan las ilusiones y aparece la resignación. No se vive, se sobrevive.

Puede ocurrir que alguien de naturaleza optimista pero que vive en un ambiente negativo donde no recibe estímulo alguno, al tener que enfrentarse a problemas difíciles acabe entrando en una espiral de apatía y abatimiento porque no ve ninguna salida ya que no tiene armas para luchar contra un destino hostil. Sin embargo un espíritu viajero siempre tiene un plan alternativo porque se ha tenido que enfrentar a muchos retos en sus viajes tales como problemas con el dinero, alojamiento, convivencia… y ha aprendido a buscar soluciones y actuar en vez de lamentarse y no hacer nada.

Siempre hay una salida pero primero hay que encontrarla y para conseguirlo se necesita el entrenamiento adecuado y es en los viajes donde mejor se obtiene porque no se trabaja con la teoría sino con la práctica de la vida real.

Nuestro objetivo vital se va perfilando con más realismo con los años y se debe intentar alcanzar para evitar futuras frustraciones, pero si no nos movemos nunca nos estamos cortando las alas para volar, nuestra mente se limita y no hay más mundo que el que conocemos, por lo cual se reducen mucho las probabilidades de emprender algo. Es como mirar al mar y creer que sólo existe el horizonte que ven los ojos, sin saber que en su interior hay un inmenso mundo marino por descubrir.

Hay una gran diferencia entre las personas que han viajado y las que no. Las primeras suelen ser más abiertas, todo les interesa, sus miras son muy amplias, no suelen juzgar y pueden hablar del tema que sea con cualquier persona. Los segundos sólo se sienten seguros con sus conocidos y no suelen tener interés por hacer nuevos amigos, juzgan severamente al que no piensa o se comporta como ellos y los temas de conversación son mucho más limitados.

La experiencia más enriquecedora que puede tener un niño, joven o adulto es viajar, vivir otra cultura, descubrir que los seres humanos aunque exteriormente seamos diferentes en el interior somos iguales porque todos necesitamos amar y ser amados. La vida es más interesante, se disparan nuestra curiosidad e imaginación, se sanan las heridas, se madura porque nos enfrentamos a lo imprevisible y aprendemos a resolver problemas sin ahogarnos en ellos.

Viajemos siempre que podamos, ahora existen mil formas de hacerlo y más información que nunca gracias a las nuevas tecnologías, no hace falta gastar mucho porque hay constantes ofertas, todo es cuestión de animarse y hacerlo.

Hay otro aliciente muy importante, en los viajes es donde mejor se conoce a las personas y a uno mismo porque la convivencia es muy estrecha y las vivencias diferentes, por lo tanto es un medio excelente para profundizar en nuestro interior y en la forma de relacionarnos con los demás.

Por ello no hay que perder tiempo, es bueno empezar a planear algún viaje y hacerlo, aunque sea a un pueblo cercano, una acampada o una excursión, el caso es moverse, cambiar de escenario, adaptarnos a otro lugar, con otras personas y otras sensaciones, hasta el tiempo nos parece que se desliza a otro ritmo.

Es necesario recordar que nuestro tiempo es limitado, pasa muy rápido y lo que no se haga en el presente puede que en el futuro no se tenga ocasión. La vida es corta, NO TE PARES.

CAMBIAR DE AMBIENTES ES SALUDABLE

Hay épocas en la vida en las que las circunstancias mandan y por motivos familiares o profesionales no te puedes mover de tu entorno. Esto puede durar años; tus hijos son pequeños, tu negocio te absorbe o cuidas a tus familiares mayores, los motivos pueden ser múltiples. En dicho caso corremos el peligro de estancarnos y volver al inmovilismo del que una vez huimos, para evitarlo hay que tomar medidas:

1- Analiza tus hábitos y descubre qué puedes cambiar para enriquecerte. Ej: todos los días andas una hora para hacer deporte siguiendo siempre el mismo camino, en este caso deberías hacer distintos recorridos y conocerás sitios nuevos.

2- Procura iniciar cada año alguna actividad diferente: bailar, cantar, coser, gimnasia…Ampliarás tus conocimientos y conocerás gente nueva.

3- Intenta hacer un amigo nuevo, es un reto que puede parecer difícil pero no hay nada más enriquecedor, tendrás que recurrir a todas tus habilidades y sufrirás algún que otro desengaño pero siempre merecerá la pena.

4- Prueba una imagen diferente de la habitual (cambiar de peinado, maquillaje o ropa), hazlo al menos por un día, será algo muy creativo y puedes encontrar un nuevo estilo para ti.

5- Invita a tus amigos a tu casa y ofréceles platos de cocina nuevos que has aprendido, algo fuera de tu alimentación habitual, que sea una reunión sencilla, alegre y espontánea, donde compartes con los demás lo que tienes dentro y fuera. Recibiendo en casa observarás muchas cosas de los demás que antes te pasaban desapercibidas.

6- Date un premio de vez en cuando, el que tú quieras, puede ser algo tan simple como darte un paseo en un lugar que te guste, tienes la obligación de cuidar de ti mismo con tanto empeño como lo harías de quien más quieres.

En los puntos anteriores, que son muy sencillos, se exponen distintas opciones para cambiar nuestro ambiente habitual, así evitamos que nuestra vida entre en una espiral de aburrimiento y uniformidad en la que los días pasan iguales unos a otros y no tenemos la sensación de estar vivos.

La idea principal es que el cambio trae novedad, otras experiencias y en consecuencia implica mayores conocimientos que nos enriquecerán.

La vida es un continuo aprendizaje y debemos intentar vivirla de una forma plena, intensa y satisfactoria para que al final nos sintamos contentos de aquello que hicimos.

5- TEN SIEMPRE ALGUN OBJETIVO

¿Conoces a personas en perenne estado de aburrimiento? Seguro que si y es tristísimo, están amargadas y amargan al que tienen al lado, esto se puede y se debe evitar por todos los medios.

Quien tiene un proyecto siempre está entretenido, su imaginación no descansa buscando la forma de conseguir sus objetivos, no hay tiempo para quejas, penas o charlas negativas, literalmente no lo hay, por lo cual es muy importante buscar algo interesante que hacer; puede tratarse de correr un maratón, apuntarse a clases, hacer una excursión…sea lo que sea es importante que a la actividad elegida le dediquemos tiempo, conservemos el interés y perseveremos hasta terminarla.

Si se sigue este proceso se acabará el aburrimiento con la carga de negatividad, quejas y lamentaciones que conlleva porque se romperá la monotonía, surgirán nuevos intereses y la vida volverá a ser interesante.

6- VIVE CON AMOR Y CON HUMOR

El amor es la fuerza que mueve el mundo, todos lo buscan pero no todos lo encuentran por eso hay que luchar por él y sobre todo conservarlo.

El desamor provoca dolor, soledad y tristeza pero muchos no saben amar o lo interpretan de forma equivocada, se quejan de su mala suerte cuando deberían reflexionar si su actitud con los demás es generosa o más bien interesada.

Hay muchos tipos de amor y todos son importantes; el de pareja, familia, amigos y conocidos, todo el mundo necesita estima y afecto para ser feliz.

El amor de pareja es el que más nos condiciona por su implicación sentimental, por eso es el que más se debe cuidar, hay que intentar conocer la psicología del otro siendo realistas en cuanto a sus virtudes y defectos, procurar que haya una comunicación constante y una convivencia basada en el respeto, la educación y el cariño.

El amor familiar debe ser el refugio seguro donde todo ser humano se sienta querido, protegido y valorado, es un sentimiento atávico de pertenencia al grupo donde se comparten sentimientos, inquietudes y anhelos, basándose en creencias, vivencias y expectativas comunes. Para que una familia funcione es necesario vivir en un clima de generosidad, confianza y comunicación que debe mantenerse en todas las circunstancias ya que la armonía se rompe en el momento que se antepone el interés particular al colectivo, cosa que ocurre muy a menudo, causando la ruptura de relaciones que luego traen dolorosas consecuencias.

El amor de los amigos es muy importante para desarrollarse como un ser humano completo, nos hace salir de nuestra realidad para compartir la de otros y con ellos crecemos en todos los aspectos de la vida.

Finalmente están los conocidos, para algunos es muy importante su estima porque están muy pendientes de su imagen, esto le ocurre a los más jóvenes e inmaduros, para otros no es así porque asumen que no podemos gustarle a todo el mundo, lo cual es más realista.

¿Nos sentimos suficientemente queridos? ¿Cuáles son nuestras carencias afectivas? ¿Cómo nos relacionamos con los otros? Muchas preguntas hay que hacerse si no nos sentimos amados, valorados y realizados. Esta es la tarea donde más empeño debemos poner porque es la clave de la felicidad.

Es necesario conocerse bien, comprendiendo nuestras limitaciones, intentar mejorar siempre, saber comunicar lo que sentimos para evitar conflictos, también ser selectivos porque así nos evitaremos futuros problemas.

Hay que ser generosos y dar constantemente, sin descanso, tratando siempre de perdonar, olvidar, empezar de nuevo y volver a dar. Amar es un acto de generosidad que nos va a generar la mayor dicha y el mayor dolor, pero solo perdura con disciplina, altura de miras y un proyecto de futuro, solo así resiste el paso del tiempo.

El humor también es clave para vivir de la mejor manera posible. Resulta sorprendente la gente que se toma muy en serio así misma, se creen importantes, les encanta escucharse y piensan que todo el mundo los mira, parecen niños pequeños que creen que el mundo gira a su alrededor. Esto es una necedad y no es realista, cada uno tiene suficiente con su vida como para dedicarse a pensar en la ajena, además mas o menos todos tenemos un punto ridículo e inconfesable que las personas que nos quieren nos toleran y las que no nos lo critican.

Lo más sano es olvidarnos de lo que puedan pensar de nosotros, lo cual no podemos controlar, y concentrarnos en vivir con alegría y con humor. ¿Hay algo más relajante, divertido y apasionante que una buena carcajada? Reír es uno de los grandes lujos que tiene la vida, por esto las personas con gracia suelen ser el centro de cualquier reunión y aunque no todos estamos dotados con el don de hacer reír estar de buen humor si es accesible para la mayoría.

No nos preocupemos tanto, todo es relativo y la vida es más ligera cuando nos reímos de nuestras propias tonterías. Riámonos con los demás, nunca de ellos porque lo primero es constructivo y lo segundo es cruel y hace daño.

Sería muy positivo adoptar como regla de vida intentar sonreír todo el tiempo, los expertos dicen que es terapéutico, si estás triste y sonríes alejas la tristeza, el gesto atrae la emoción.

Se hizo una encuesta a hombres de diferentes estratos económicos y sociales sobre qué es lo que más les atraía de una mujer y la respuesta mayoritaria no fue el físico sino el buen humor. También se hizo la misma encuesta a las mujeres y su respuesta fue casi unánime: su favorito es el hombre que les hace reír.

El humor nos diferencia de los animales, es exclusivo de la especie humana, nos une, nos ayuda y nos hace singulares. Empieza y acaba tu día riéndote de ti mismo y atraerás todo lo bueno, inténtalo y notarás la diferencia.

7- CUIDA SIEMPRE TU IMAGEN EXTERIOR

Los emprendedores que trabajan más duro para conseguir lo que se proponen suelen ser muy cuidadosos con su imagen exterior, saben que la primera impresión que causen puede ser el éxito o el fracaso de sus relaciones comerciales, es su tarjeta de presentación y por ello se informan acudiendo a profesionales que les ayuden.

Cuidar nuestro aspecto es una señal de respeto hacia uno mismo y hacia los demás. En todas las culturas se aprecia el buen gusto, la calidad y la belleza. Además se tarda igual en vestirse bien que en hacerlo mal porque el tiempo que se dedica a ponerse la ropa es el mismo, la diferencia está en aquello que elegimos.

¿Por qué salimos con lo primero que encontramos en el armario, sin pensar si combina o se si nos sienta bien? Por la falta de organización y las prisas, el día se presenta ajetreado y tenemos que salir rápidamente de casa, al no tener ordenado nuestro armario ni tener una idea clara lo que queremos nos vestimos sin pensar, ya en la calle nos damos cuenta que nada combina y no nos sentimos cómodos con nuestra imagen, por lo cual la inseguridad se introduce en nuestra mente y el mal humor aparece para quedarse. Por el contrario cuando uno va bien vestido se siente mejor, se ve bien, le apetece salir y que le vean, tiene la autoestima alta y se nota.

Una buena imagen se consigue con orden, método y disciplina, como todo en la vida. Si tenemos un armario ordenado como ya se explicó y las fotos de los posibles conjuntos (con sus respectivos accesorios: zapatos, pañuelos y joyas), se tardan segundos en elegir lo que nos vamos a poner porque hemos dejado aparcada la indecisión.

Cuando vamos a salir y no disponemos de tiempo para maquillarnos, con una barra de labios y un rimel salimos del apuro. La barra debe ser de colores acordes a nuestro físico y nos servirá de colorete, de sombra y de pintalabios. Luego se pone el rimel y ya está!

8- DISFRUTA DE LAS PEQUEÑAS COSAS

Los grandes acontecimientos ocurren pocas veces en la vida, lo normal es vivir de forma predecible, amparándonos en una rutina que nos proporciona orden y seguridad, pero eso no significa que tengamos que aburrirnos y que cada día sea igual al anterior, hay un sinfín de pequeñas cosas que pueden marcar la diferencia. Intenta disfrutar de todo lo que te agrade cada día.

Para ser más conscientes de todo lo bueno que nos rodean es necesario recordarlo y ponerlo por escrito.

Hay un ejercicio que todos deberíamos hacer cada cierto tiempo que es escribir 10 actividades que nos gustan y que olvidamos hacer, tienen que ser muy sencillas y que se amolden a nuestro ritmo de vida sin problemas, por ejemplo: cantar, dibujar, salir de paseo, mirar las estrellas etc, hay infinidad de posibilidades, la cuestión es ponerlas en práctica y proponerse un día concreto para hacerlo, si no es así se olvida. Este ejercicio sirve para romper la uniformidad de nuestro día a día, explorar nuestra creatividad y valorar los pequeños detalles que nos pasan inadvertidos.

Muchas personas no saben disfrutar de lo que tienen porque andan siempre preocupados con sus problemas, deberíamos pensar que lo que hoy nos preocupa no será nada dentro de unos años porque la vida sigue su curso y hay solución para todo, ante los obstáculos hay que pensar y actuar pero no angustiarse porque de nada sirve, sólo nos bloquea y paraliza. Siempre habrá dificultades pero si conseguimos desconectar, aunque sólo sean diez minutos de las circunstancias que nos afectan, daremos un respiro a nuestra mente y conseguiremos relajarnos.

Pensemos por un momento qué vamos a recordar mejor cuando estemos al final de nuestra vida ¿La hipoteca? ¿La declaración de Hacienda? ¿Las averías del coche? Lo dudo. Nos vendrán a la memoria los mejores momentos, cuando hemos sentido la plenitud en el amor, el trabajo, la amistad y la naturaleza. Por ello debemos ayudar a crear esos momentos especiales y disfrutarlos. El tiempo pasa muy rápido y dedicar un espacio cada día a nosotros mismos para estar bien es necesario, estaremos más felices y le haremos la vida más agradable a los demás. Merece la pena intentarlo porque los beneficios serán inmediatos, cada uno tiene la llave de su propia felicidad.

9- SE AGRADECIDO

Normalmente anhelamos lo que no tenemos y nos olvidamos de lo que ya disfrutamos sin darle la importancia que merece.

Damos por hecho que tenemos salud y no nos preocupamos de ella hasta que la perdemos. Si vamos a algún hospital, especialmente al área de urgencias, somos conscientes de la suerte que tenemos de estar sanos porque al enfrentarnos al dolor y la enfermedad en estado puro se nos despierta el instinto de supervivencia y nos sentimos agradecidos simplemente por el hecho de estar vivos.

Lo mismo ocurre con la familia, amigos, hogar, profesión, tiempo de ocio… damos por hecho que están ahí y siempre lo estarán, pero la vida está en continuo movimiento y hay que convivir también con algún contratiempo, irritación o contrariedad que nos van fastidiar y frustrar.

Si comparásemos nuestra realidad con la de los que viven en países en guerra, de extrema pobreza o de culturas retrógradas donde no se respetan los derechos humanos, estaríamos muy felices de vivir en un país civilizado donde el individuo puede desarrollarse libremente y progresar.

Si pusiésemos por escrito, desde que empezamos el día hasta que lo acabamos, todo lo positivo que nos rodea y damos gracias por ello valoraríamos mucho más lo que tenemos, pueden ser cosas tan simples como una buena comida, un bonito día, la sonrisa de tus hijos, un momento de plenitud…o cosas grandes en las que ni reparamos como tener buena salud, una familia que nos quiere, una casa, una profesión, buenos amigos…

Agradecer lo que uno tiene conlleva ser consciente de ello y valorar todo lo positivo que nos rodea, que es mucho. Si vivimos con gratitud lo haremos de forma más plena y además disfrutaremos de todo lo que nos rodea porque le damos la importancia que tiene. Recordemos que la buena salud es el anhelo del enfermo, la comida es el sueño del hambriento, la educación es la esperanza del iletrado…y nosotros que disponemos de todo lo anterior ni reparamos en ello.

Dar gracias conlleva felicidad, por ello seamos agradecidos de forma constante y consciente dando lo mejor de uno mismo cuando el de al lado tiene problemas, porque antes o después te tocará a ti, así es la vida y no hay nada más miserable que cuando alguien lo pasa mal mirar para otro lado, es una postura egoísta, esto acaba generando soledad y aislamiento porque quien más se perjudica es uno mismo cuando se cierra al dolor ajeno.

Los seres que merecen la pena siempre son agradecidos porque son generosos con su afecto, tiempo y dedicación, sus acciones hablan por ellos y es un privilegio encontrarlos y sobre todo tenerlos como amigos.

10- PROFUNDIZA EN TU ESPIRITUALIDAD

Todos sabemos que vamos a morir pero no queremos pensar en ello, si lo hiciésemos nos daríamos cuenta que nuestro tiempo es limitado y debemos dedicarlo a lo que de verdad importa, no perderlo en naderías y sufrir por nimiedades.

La mayoría cree que hay algo que trasciende lo que ya conocemos, por ello el que así lo sienta debería profundizar más en su espiritualidad. Dedicarle tiempo a las creencias más íntimas, que son las que nos definen como persona, es vital para conocernos mejor y averiguar lo que de verdad queremos. No lo dejemos siempre para después porque nunca sabemos qué tiempo nos queda.

Una espiritualidad sana, basada en el bien, siempre traerá paz y alegría a todos, por el contrario cuando se utilizan las creencias para hacer daño se produce la autosatisfacción de los malos instintos, provocando el peor de los efectos en uno mismo y en los demás.

Yo soy católica y mi fe es mi motor, me ha ayudado a salvar los obstáculos del camino, especialmente la enfermedad. En los peores momentos siempre tuve esperanza y acabé encontrando aquello que buscaba: salud, amor y alegría. Por ello me siento en el deber de animar a todos a que trabajen en su alma, sus creencias y los cimientos de su vida, lo demás pasa pero esto siempre nos acompañará.

CONCLUSION

-CREA LA IMAGEN CON LA QUE SUEÑAS. ¡REINVENTATE!

Si no te gusta tu imagen, tu vida, tu carácter o lo que sientas que te hace infeliz debes intentar cambiarlo, esto significa que hay algo que te bloquea y es muy importante descubrirlo, tu bienestar y autoestima dependen de ello.

Hay un ejercicio muy interesante de autoconocimiento que consiste en hacer un video sobre uno mismo en la actualidad, vestido un día normal, donde hablas y te mueves, allí explicas como es tu vida, cuáles son tus sentimientos, qué opinión tienes sobre tu persona y como te gustaría ser. No te pongas límites.

Cuando lo hagas te verás con ojos más objetivos, sacarás conclusiones y te pondrás nuevas metas.

Después haz un ejercicio de visualización en el cual debes estar muy relajado. Piensa que el cambio ya se ha producido, hazlo con todo detalle, en todas las situaciones y abarcando todos los aspectos (imagen, gestos, risa, modo de hablar, de moverse, andar, pensar, sentir…) es un ejercicio complejo y por ello debes repetirlo tantas veces como creas necesario. Cuando tengas una imagen bastante nítida de lo que quieres ponte a trabajar, ya dispones de la información necesaria para hacerlo.

Cuando hayas terminado con todo lo relativo a tu persona puedes ampliar el ejercicio a tu casa, empieza por tu habitación, puede que pintándola de otro color, cambiando las cortinas o moviendo los muebles de sitio puedas conseguir el ambiente deseado.

Imagina también tu día ideal, qué harías y con qué gente, lo que se visualiza regularmente suele acabar ocurriendo (siempre con cierto realismo para que no quede todo en pura fantasía). Haz lo mismo con tu trabajo, amigos, entorno…

Verás que es un proceso creativo, divertido y muy interesante, se descubren muchas cosas sobre uno mismo que nos ayudarán a conocernos mejor y a dar los primeros pasos para el cambio.

Hay que intentarlo porque de otro modo todo lo anteriormente expuesto se acaba olvidando y no se pone en práctica, para conseguir cualquier cosa hay que actuar pues pensar y no hacer nada es perder el tiempo.

-DESCUBRE TU NUEVA IMAGEN, DESCUBRE TU NUEVA VIDA

Cuando uno sale de su casa con la mejor imagen, se siente bien, está de buen humor, con ganas de hacer cosas y encontrarse a otros, se ve la vida de otro color, pero no porque haya cambiado nuestro mundo sino porque lo vemos de otra manera. Todos hemos tenido esta experiencia alguna vez.

Pero la clave está en nuestro interior, si tenemos un discurso interno positivo y nos decimos a nosotros mismos que nos gusta como somos y como nos vemos, esto nos da una fuerza que los demás perciben porque uno transmite lo que siente, lo bueno y lo malo, por ello debemos cuidar nuestro diálogo interior y exterior, ahí empieza el cambio.

¿Cómo aprenderlo? En este manual se han dado unas nociones muy básicas sobre inteligencia emocional pero hay muchísima información disponible: libros, cursos, conferencias, internet… Hay que ser curioso, es muy interesante lo que se puede descubrir porque la ciencia ha avanzado muchísimo y todo lo que estudiemos, investiguemos y observemos nos va a dar más herramientas para saber vivir como queremos y no a merced de circunstancias y emociones.

Se puede dominar la mente y dirigirla, todo es cuestión de práctica. Por ejemplo, el tenista Rafa Nadal decía que de pequeño su entrenador, que es su tío, le enseñó que tenía que luchar primero consigo mismo para no darse nunca por vencido, a darlo todo, a aguantar y sufrir porque el triunfo es para el que más resiste.

Hay un refrán muy conocido "Nada es verdad ni es mentira, todo es según el cristal con que se mira" y es una gran verdad, entrenemos nuestra mente para ver las cosas a nuestro favor, seamos benévolos con nosotros mismos porque sólo así podremos sacar nuestra mejor versión y ofrecérsela a los demás.

-¡EL MUNDO ES TUYO!

He compartido con vosotros lo que he aprendido, mi intención ha sido escribir un manual claro y conciso de cambio de imagen, pero no solo exterior también interior porque una influye en la otra y viceversa, espero que haya sido útil.

Lo que más satisfacción me produciría es que los que lo lean actúen, cambien y disfruten, quisiera que todos se sientan bien y no vivan dominados por la opinión ajena, el poder está en el interior pero hay que sacarlo fuera.

Imagina cómo te sentirías si alcanzas todos tus objetivos, podría ser así: contento con tu suerte, sin temor ante el futuro porque sabes vencer obstáculos, disfrutando de cada minuto porque vives como quieres, agradecido por todo y deseando aportar lo bueno que hay en ti a los demás. Si llegas a este momento vital ¡Enhorabuena! Has llegado a la meta y el mundo es tuyo.

Sevilla, 20 de Noviembre de 2014
Autora: Irene Lannes (ILAN): asesora de imagen y coach.
C.V: Licenciada en Derecho
Máster de asesoría de imagen y estilismo en Agencia Elite (Barcelona)
Coach en SOMOSCOACHING (Sevilla)
www.sosilan.com - info@sosilan.com - tlf. **695-707-496**

LISTA DE RECOMENDACIONES

El Corte Inglés; allí encuentras todo lo que puedas desear.
Zara y Mango; son expertos en últimas tendencias.
Alcón joyeros; la joya hecha arte.
Reyes Hellín; sombreros y tocados únicos. Tiene la exclusiva de Philip Treacey en España.
Lumineers. Sevilla; iluminan tu sonrisa.
Rocio Aguado @rocioaguadophotografy y showroompuertajerez.
Lourdes Mauri; moda, regalos y complementos.
El Chino de Telmo; trae el verdadero Oriente a Occidente
Elena Ochoa; Zapatos MBT.
Complementos Villoria; originalidad y buen gusto.
Escuela de moda de Sevilla; para aprender todo lo relativo a la moda.
BeautyFever; culto a la belleza.
Entulínea; pierdes peso y te enseñan a comer de una manera saludable.
Naturhouse; dieta de adelgazamiento basada en elementos naturales.
Amaya García-Dieguez; Nails & Hair
BodySolution; ponte en forma con entrenamiento personal.
Ana Bayo: Experta en coach.
Rosa Rodríguez del Tronco, psicóloga y coach
Táchira, psicóloga y coach
Somoscoaching; escuela de coach.
Empresa Excelenta; coach, asesores de empresas y particulares.

www.ingramcontent.com/pod-product-compliance
Lightning Source LLC
Chambersburg PA
CBHW042341150426
43196CB00001B/12